ESTE LIBRO PERTENECE A

....

Traducido por Alejandro Tobar

Título original: *A Dinosaur a Day*
Publicado por primera vez en Reino Unido en 2022 por Red Shed,
perteneciente a Farshore, un sello de HarperCollins*Publishers*

© HarperCollins*Publishers*, 2022
Texto: Miranda Smith, 2022
Ilustraciones: Jenny Wren, Juan Calle, Xuan Le,
Max Rambaldi, Olga Baumert, 2022
Revisión de los contenidos: Mike Benton, 2022
© De esta edición: Grupo Editorial Luis Vives, 2023

ISBN: 978-84-140-4304-2
Depósito legal: Z 1378-2022

Impreso en China

UN DINOSAURIO AL DÍA

**ESCRITO POR
MIRANDA SMITH**

**ILUSTRADO POR
JENNY WREN, JUAN CALLE,**
XUAN LE, MAX RAMBALDI Y OLGA BAUMERT

IDEAka
EDELVIVES

- CONTENIDO -

UN MUNDO DE DINOSAURIOS

Durante más de 160 millones de años, dinosaurios de todos los tamaños vagaron por el planeta, en donde cohabitaban con algunos magníficos reptiles nadadores y voladores. Con este calendario de dinosaurios, descubrirás una nueva criatura prehistórica cada día del año. También puedes investigar por tu cuenta. Busca, por ejemplo, qué increíble reptil coincide con tu cumpleaños, o bien comparte el libro con tu familia, amigos, con las personas que te cuidan y las que te enseñan... Recorre este calendario y conoce muchísimos datos interesantes sobre los animales que vivieron en tan apasionante y peligroso mundo.

LA APARICIÓN DE LOS DINOSAURIOS

La vida en la Tierra comenzó hace al menos 3.800 millones de años. No se sabe exactamente cómo, pero muchos expertos opinan que empezó en el mar, con pequeños organismos llamados «microbios» y con tipos simples de animales que se desarrollaron hace unos 800 millones de años. Se cree que el clima frío hace 360 millones de años causó la extinción del 70 % de ellos. Cuando el mundo se calentó de nuevo, aparecieron los reptiles terrestres y los primeros animales capaces de volar.

Los trilobites surgieron en el mar hace 520 millones de años

Los dinosaurios aparecieron hace 240 millones de años, en el Triásico, y reinaron sobre todos los demás animales existentes en la Tierra durante el Jurásico y el Cretácico.

En el Triásico (entre 252 y 201 millones de años atrás), una única masa gigante de tierra, conocida como Pangea, comenzó a fragmentarse, formando Gondwana al sur y Laurasia al norte. En tierra firme, había gigantescos bosques de coníferas y vides, así como áridos desiertos y praderas repletas de helechos. Los primeros dinosaurios eran pequeños bípedos que cazaban animalillos e insectos entre los matorrales.

Daemonosaurus, *un dinosaurio primigenio*

CÓMO LLEGAMOS A SABER DE ELLOS

Los paleontólogos son los científicos que se dedican a estudiar la vida en el pasado remoto. Son ellos quienes pueden contarnos más cosas acerca de los dinosaurios gracias a los fósiles (restos de animales y plantas que vivieron hace millones de años) encontrados en las rocas.

A veces, los huesos de los dinosaurios se cubrían rápidamente por un sedimento que, con el tiempo, se endurecía formando rocas. Al quebrarse esas rocas, salieron a la luz las formas de aquellos huesos. También se han descubierto músculos, escamas o plumas. Los rastros fósiles, como restos

en madrigueras o huellas en los caminos, muestran los movimientos o la actividad de los dinosaurios. Gracias a los fósiles se puede precisar el tamaño de un dinosaurio, qué comía o cómo murió.

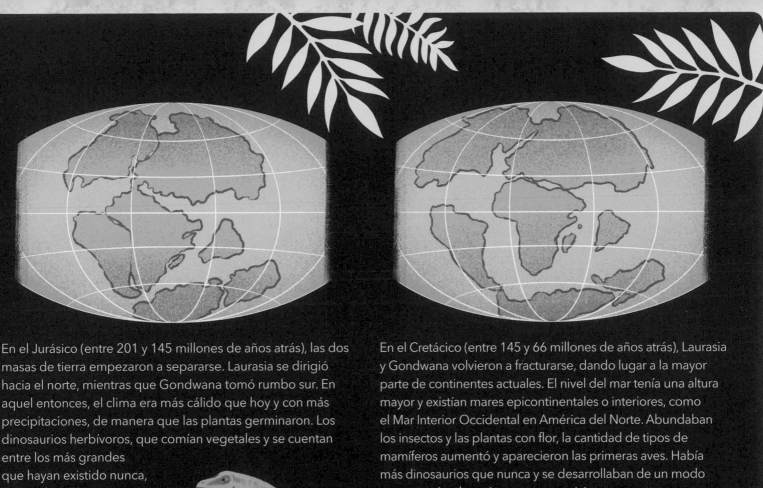

En el Jurásico (entre 201 y 145 millones de años atrás), las dos masas de tierra empezaron a separarse. Laurasia se dirigió hacia el norte, mientras que Gondwana tomó rumbo sur. En aquel entonces, el clima era más cálido que hoy y con más precipitaciones, de manera que las plantas germinaron. Los dinosaurios herbívoros, que comían vegetales y se cuentan entre los más grandes que hayan existido nunca, dominaban el paisaje.

El saurópodo
Apatosaurus

En el Cretácico (entre 145 y 66 millones de años atrás), Laurasia y Gondwana volvieron a fracturarse, dando lugar a la mayor parte de continentes actuales. El nivel del mar tenía una altura mayor y existían mares epicontinentales o interiores, como el Mar Interior Occidental en América del Norte. Abundaban los insectos y las plantas con flor, la cantidad de tipos de mamíferos aumentó y aparecieron las primeras aves. Había más dinosaurios que nunca y se desarrollaban de un modo u otro según el continente en que viviesen.

El terópodo
Majungasaurus

LA VIDA ENTRE DINOSAURIOS

Aunque aquella fuese la era de los reptiles, no todos eran dinosaurios. Los reptiles nadadores como el *Ichthyosaurus* y el *Mosasaurus* nadaban en el mar; los voladores como el *Pteranodon* y el *Quetzalcoatlus* planeaban en el aire. En el Cretácico, sin embargo, había dinosaurios, como el *Spinosaurus*, que sabían nadar, y unos pocos, como el *Microraptor*, que podían surcar los cielos.

En ese agitado mundo vivían también animales que necesitaban moverse rápido para que los dinosaurios no los devoraran, como lagartos, mamíferos, escarabajos e insectos. En los mares poco profundos o en el curso de los ríos algunos dinosaurios se alimentaban de anfibios y peces. Y, por todas partes, los dinosaurios más grandes cazaban a los más pequeños.

Ichthyosaurus,
un reptil nadador

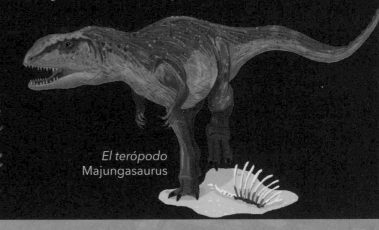

- 1 de enero -

EORAPTOR

Algunos dinosaurios primitivos eran bastante pequeños. El *Eoraptor* fue, además de uno de los de menor tamaño, de los primeros en aparecer. Este carnívoro era ligero, pues tenía los huesos huecos; a la altura de la cadera estaban soldados, lo cual le daba la fuerza necesaria para correr tras su presa sobre dos patas a cierta velocidad. Su nombre significa 'ladrón del alba'.

PERÍODO	Triásico superior
FAMILIA	primeros terópodos
DIETA	omnívora
LONGITUD	1 m
PESO	10 kg
LOCALIZACIÓN	Argentina

WEEWARRASAURUS

En 2018, los mineros de la mina de Wee Warra, en Lightning Ridge (Australia), encontraron un fósil único. Descubrieron una mandíbula de dinosaurio que se había fosilizado en el interior de un ópalo, un tipo de piedra preciosa multicolor. Procedía de un herbívoro llamado *Weewarrasaurus*, un bípedo del tamaño de un perro que se movía en manada por los antiguos terrenos inundables del Cretácico.

PERÍODO	Cretácico inferior
FAMILIA	*Ornithopodae*
DIETA	herbívora
LONGITUD	menos de 2 m
PESO	20 kg
LOCALIZACIÓN	Australia

TROODON

Cazador de movimientos rápidos, los grandes ojos del *Troodon* le habrían servido para localizar pequeños mamíferos, ranas y lagartos en el sotobosque, incluso de noche. Sus alas se plegaban hacia atrás como las de un pájaro y caminaba y corría sobre dos patas. Tenía una garra en el segundo dedo de cada pie que giraba para atrapar su presa.

PERÍODO	Cretácico superior
FAMILIA	*Troodontidae*
DIETA	carnívora
LONGITUD	2 m
PESO	50 kg
LOCALIZACIÓN	América del Norte

NIGERSAURUS

Este dinosaurio de cuello largo vivía en lo que hoy es el desierto del Sáhara, en aquel entonces atravesado por numerosos ríos y lleno de vegetación, de la cual se alimentaba. Tenía un cráneo bastante pequeño con una boca muy ancha y una dentadura compuesta por más de 500 dientes reemplazables.

PERÍODO	Cretácico inferior
FAMILIA	*Rebbachisauridae*
DIETA	herbívora
LONGITUD	9 m
PESO	4 t
LOCALIZACIÓN	África

- 5 de enero -

EUSTREPTOSPONDYLUS

Con su enorme cabeza, sus largos dientes con forma de sierra y sus bracitos, este fiero devorador de carne cazaba y hurgaba entre los restos de animales muertos en el litoral. En el Jurásico medio, Europa estaba formada por una serie de islas desperdigadas, y este dinosaurio quizá nadase distancias cortas entre una y otra. Se alimentaba de dinosaurios más pequeños y de pterosaurios, así como de reptiles marinos y otras criaturas del mar.

PERÍODO	Jurásico medio
FAMILIA	*Megalosauridae*
DIETA	carnívora
LONGITUD	7 m
PESO	500 kg
LOCALIZACIÓN	Europa

BARAPASAURUS

Es uno de los saurópodos más antiguos descubiertos hasta el momento. Su nombre significa 'lagarto de patas largas', lo cual lo describe a la perfección: ¡su fémur era tan largo como el cuello de una jirafa! Usaba los dientes, con forma de cuchara y el borde serrado, para desgarrar el follaje de las altas copas de los árboles.

PERÍODO	Jurásico inferior
FAMILIA	*Cetiosauridae*
DIETA	herbívora
LONGITUD	15 m
PESO	14 t
LOCALIZACIÓN	Asia

- 7 de enero -

SHUNOSAURUS

Habituado a moverse en grandes manadas, este lento herbívoro tenía un garrote con dos pares de pinchos en la punta de la cola. Esto le habría servido para repartir sus buenos garrotazos cuando se le acercaba un depredador como el *Gasosaurus* (*véase pág. 137*).

PERÍODO	Jurásico medio
FAMILIA	primeros saurópodos
DIETA	herbívora
LONGITUD	10 m
PESO	1 t
LOCALIZACIÓN	Asia

- 8 de enero -

APATOSAURUS

Este dinosaurio colocaba la cola en forma de látigo a ras de suelo para mantener el equilibrio mientras comía arbustos y plantas a poca altura. Al igual que otros saurópodos, ingería gastrolitos para desmenuzar la planta dentro del estómago.

PERÍODO	Jurásico superior
FAMILIA	*Diplodocidae*
DIETA	herbívora
LONGITUD	23 m
PESO	41 t
LOCALIZACIÓN	América del Norte

- 9 de enero -

CERATOSAURUS

Aunque compartía hábitat con depredadores de mayor tamaño como el *Allosaurus* (*véase pág. 117*), que este dinosaurio se te plantase delante debía de ser aterrador. Poseía un gran cuerno en la nariz y filas y más filas de largos dientes curvos listos para clavarse en la piel de los dinosaurios herbívoros. Con la boca cerrada, los dientes del maxilar superior se extenderían más allá del maxilar inferior. Esto, junto con su ancha y flexible cola, ha llevado a pensar que era como un cocodrilo y que quizá nadara.

PERÍODO	Jurásico superior
FAMILIA	*Ceratosauridae*
DIETA	carnívora
LONGITUD	6 m
PESO	750 kg
LOCALIZACIÓN	América del Norte, África

LOS MÁS PEQUEÑOS

Los grandes dinosaurios carnívoros merodeaban en busca de comida a todas horas. Los pequeños únicamente sobrevivían si eran capaces de esconderse en el sotobosque o en las copas de los árboles, o si corrían mucho.

- 10 de enero -

MICRORAPTOR

Este dinosaurio del tamaño de un cuervo era uno de los más pequeños y probablemente se valía de las alas que cubrían sus cuatro extremidades para planear de un árbol a otro. Gracias a sus dientes afilados y puntiagudos lograba alimentarse de otros animales más pequeños y de insectos que cazaba.

PERÍODO	Cretácico inferior
FAMILIA	*Dromaeosauridae*
DIETA	carnívora
LONGITUD	70 cm
PESO	1 kg
LOCALIZACIÓN	China

- 11 de enero -

MOROS

Minimiembro de la familia de los tiranosauroideos, *Moros* tenía buen oído y buena vista. Era muy veloz, lo cual le servía para dar caza a sus presas y al tiempo eludir con facilidad las fauces de otros depredadores.

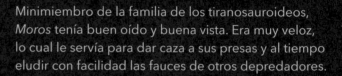

PERÍODO	Cretácico superior
FAMILIA	*Tyrannosauridae*
DIETA	carnívora
LONGITUD	1,2 m
PESO	80 kg
LOCALIZACIÓN	América del Norte

- 12 de enero -

COMPSOGNATHUS

Ligero y muy ágil, este dinosaurio con aspecto de pájaro corría sobre sus dos largas patas traseras y tridáctilas (con tres dedos). Sus grandes ojos le facilitaban la supervivencia, pues le permitían tanto rastrear el movimiento de una presa como el de otro depredador mayor.

PERÍODO	Jurásico superior
FAMILIA	*Compsognathidae*
DIETA	carnívora
LONGITUD	1,4 m
PESO	3 kg
LOCALIZACIÓN	Europa

- 13 de enero -

SALTOPUS

Sus grandes mandíbulas con docenas de afilados dientes eran estupendas para atrapar insectos al vuelo. A fin de variar la dieta, el *Saltopus* –que significa 'pies saltarines'– también cazaba lagartos, escarabajos y escorpiones.

PERÍODO	Triásico superior
FAMILIA	primeros terópodos
DIETA	carnívora
LONGITUD	1 m
PESO	1 kg
LOCALIZACIÓN	Europa

- 14 de enero -

LESOTHOSAURUS

Rápido y ágil, este dinosaurio tenía grandes ojos y enormes músculos mandibulares, con los que daba buenos mordiscos a pequeños animales y plantas de tallo blando. Si hacía falta, podía escapar a la carrera.

PERÍODO	Jurásico inferior
FAMILIA	*Lesothosauridae*
DIETA	omnívora
LONGITUD	2 m
PESO	10 kg
LOCALIZACIÓN	África

- 15 de enero -

WANNANOSAURUS

El hecho de vivir en grandes manadas proporcionaba a los dinosaurios más pequeños cierto grado de protección. Como otros miembros de su familia, poseía un cráneo duro con la superficie aplanada, que podía emplear para dar cabezazos a un depredador.

PERÍODO	Cretácico superior
FAMILIA	*Pachycephalosauridae*
DIETA	herbívora
LONGITUD	menos de 1 m
PESO	4,5 kg
LOCALIZACIÓN	Asia

STEGOSAURUS

Este bien armado herbívoro era el miembro más corpulento de su familia, a pesar de tener una cabeza pequeñita que albergaba un cerebro minúsculo, del tamaño aproximado de un limón. Iba siempre con el hocico pegado al suelo, para alimentarse de la vegetación que crecía a poca altura, como helechos o cola de caballo. Cuando se sentía amenazado, blandía su imponente cola espinada para disuadir o lastimar a depredadores como el *Allosaurus* (*véase pág. 117*).

PERÍODO	Jurásico superior
FAMILIA	*Stegosauridae*
DIETA	herbívora
LONGITUD	9 m
PESO	3 t
LOCALIZACIÓN	América del Norte, Europa

- 17 de enero -

BRACHIOSAURUS

Mientras que los grupos de *Stegosaurus* se alimentaban de plantas bajas, el pacífico *Brachiosaurus* podía alcanzar las hojas tiernas que crecían en las altas copas de los árboles. También tenía la cabeza pequeña, aunque al final de un cuello de 16 m de largo. Fue uno de los dinosaurios más pesados, y sus patas delanteras eran más largas que las traseras.

PERÍODO	Jurásico superior
FAMILIA	*Brachiosauridae*
DIETA	herbívora
LONGITUD	23 m
PESO	72 t
LOCALIZACIÓN	América del Norte, Europa, África

- 18 de enero -

PLATEOSAURUS

Este dinosaurio cuadrúpedo, habituado a desplazarse en manada, podía alzarse sobre sus patas traseras para alcanzar las sabrosas hojas de las copas de árboles de gran tamaño. Luego las trituraba con sus dientes anchos y en forma de hoja. Tenía manos de cinco dedos y una gran garra en el pulgar, que usaba para escarbar en busca de raíces que llevarse a la boca y para protegerse si se sentía amenazado.

PERÍODO	Triásico superior
FAMILIA	*Plateosauridae*
DIETA	herbívora
LONGITUD	7 m
PESO	900 kg
LOCALIZACIÓN	Europa, América del Norte

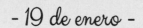

- 19 de enero -

PROCERATOSAURUS

La vistosa cresta de su hocico distinguía a este cazador de los demás. Posiblemente, el tiranosauroide más antiguo, tenía una mandíbula poderosa con afilados dientes capaces de trocearlo todo. Sus fosas nasales sorprendentemente grandes le habrían ayudado a olisquear a sus presas conforme avanzaba sobre dos patas por sus dominios.

PERÍODO	Jurásico medio
FAMILIA	*Proceratosauridae*
DIETA	carnívora
LONGITUD	3 m
PESO	100 kg
LOCALIZACIÓN	Europa

- 20 de enero -

SILVISAURUS

El nombre de este dinosaurio vegetariano significa 'lagarto del bosque' y hace referencia a que vivía entre sombrías zonas boscosas. Tendría el cuerpo cubierto de púas y espinas para protegerse cuando salía a explorar el terreno con sus pequeños y afilados dientes.

PERÍODO	Cretácico medio
FAMILIA	*Nodosauridae*
DIETA	herbívora
LONGITUD	4 m
PESO	1 t
LOCALIZACIÓN	América del Norte

- 21 de enero -

ERLIKOSAURUS

Aunque este dinosaurio pertenecía al suborden de los terópodos, formaba parte de una familia de herbívoros. Su maxilar superior terminaba en un pico desdentado. Poseía asimismo unas alargadas garras para arrancar algas marinas y otras plantas que poder comer.

PERÍODO	Cretácico medio
FAMILIA	*Therizinosauridae*
DIETA	herbívora
LONGITUD	6 m
PESO	160 kg
LOCALIZACIÓN	Asia

- 22 de enero -

SINORNITHOIDES

Del tamaño de un pavo, este comedor de insectos escarbaba en busca de hormigas con sus largas zarpas delanteras. También corría a gran velocidad sobre sus largas patas traseras y así atrapaba pequeños animales para comer y podía eludir posibles peligros.

PERÍODO	Cretácico inferior
FAMILIA	*Troodontidae*
DIETA	carnívora
LONGITUD	1,2 m
PESO	5,5 kg
LOCALIZACIÓN	Asia

MUTTABURRASAURUS

Se le llama así en alusión a una localidad australiana. Este herbívoro masticaba cicas y coníferas y se desplazaba en manada por el territorio. La protuberancia ósea de su hocico pudo ser un complemento olfativo o, quizá, un recurso para hacer llamadas de auxilio. Tenía un pico desdentado y, en la parte trasera de la boca, recios dientes como cuchillas con los que trituraba y devoraba los vegetales más duros.

PERÍODO	Cretácico inferior
FAMILIA	*Rhabdodontidae*
DIETA	herbívora
LONGITUD	7,5 m
PESO	2,8 t
LOCALIZACIÓN	Australia, Antártida

GIGANTORAPTOR

Esta extraordinaria criatura, que de pie podía medir más de 5 m, es el dinosaurio con el pico más grande que se conoce. El hecho de ser gigantesco le habría aportado importantes ventajas, como tener que hacer frente a menos depredadores y disponer de más posibilidades para alimentarse. Carecía de dientes, pero tenía afiladas garras y probablemente engullía cualquier cosa que encontraba, viva o muerta.

PERÍODO	Cretácico superior
FAMILIA	*Oviraptorosauridae*
DIETA	omnívora
LONGITUD	8 m
PESO	1,4 t
LOCALIZACIÓN	Asia

IGUANODON

Largas manadas de iguanodontes pastaban en terrenos poblados de helechos y colas de caballo cerca de arroyos y ríos. Este dinosaurio caminaba sobre sus cuatro patas, pero podía erguirse sobre las traseras para alcanzar el follaje más alto, valiéndose de su fuerte cola para mantener el equilibrio. Era el de mayor tamaño de su familia y contaba con un pulgar grande y pinchudo que quizá usase para defenderse de depredadores carnívoros. Se han encontrado restos de este grupo de animales en la mayoría de los continentes del mundo.

PERÍODO	Cretácico inferior
FAMILIA	*Iguanodontidae*
DIETA	herbívora
LONGITUD	10 m
PESO	5 t
LOCALIZACIÓN	Europa, Asia, África, América del Norte, Australia

IMITADORES DE PÁJAROS

Los miembros de la familia *Ornithomimidae* –'imitadores de pájaros'– se parecían a las avestruces. Eran flacos y ligeros, con la cabeza pequeña al final de un esbelto cuello, y las patas y la cola largas.

- 26 de enero -

SHENZHOUSAURUS

Este miembro primitivo de la familia era un depredador de movimientos rápidos que solo tenía dientes en el maxilar inferior. Se han hallado restos de este ejemplar con gastrolitos en el estómago, cuya función era ayudar a deshacer las plantas ingeridas.

PERÍODO	Cretácico inferior
FAMILIA	primeros *Ornithomimidae*
DIETA	omnívora
LONGITUD	1,5 m
PESO	25 kg
LOCALIZACIÓN	Asia

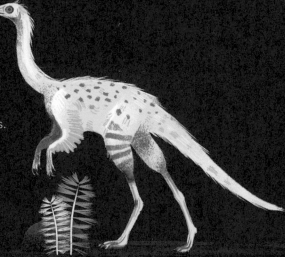

- 27 de enero -

HARPYMIMUS

El *Harpymimus* era delgado, tenía tres dedos en cada mano y 22 dientes en la fila de delante del maxilar inferior, con los que trituraba plantas, insectos o pequeños animales antes de tragárselos. En caso necesario, podía ovillarse y correr a gran velocidad.

PERÍODO	Cretácico inferior
FAMILIA	primeros *Ornithomimidae*
DIETA	omnívora
LONGITUD	2 m
PESO	125 kg
LOCALIZACIÓN	Asia

- 28 de enero -

ORNITHOMIMUS

Fue un cazador eficaz y con buena vista. Su mandíbula picuda carecía de dientes, de modo que tragaba enteras sus presas, que eran insectos y pequeños animales.

PERÍODO	Cretácico superior
FAMILIA	*Ornithomimidae*
DIETA	omnívora
LONGITUD	4 m
PESO	170 kg
LOCALIZACIÓN	América del Norte

- 29 de enero -

ANSERIMIMUS

Haciendo uso de sus enormes garras, situadas al final de unos poderosos brazos, se cree que el *Anserimimus* hurgaba la tierra y los termiteros en busca de alimento. Su nombre significa 'imitador de gansos'.

PERÍODO	Cretácico superior
FAMILIA	*Ornithomimidae*
DIETA	omnívora
LONGITUD	3 m
PESO	50 kg
LOCALIZACIÓN	Asia

- 30 de enero -

GALLIMIMUS

Este ligero terópodo podía desplazarse a gran velocidad por áridas planicies a cielo abierto. Así lograba dejar atrás a los depredadores. Cazaba lagartos, serpientes y mamíferos, y escarbaba con las manos para encontrar insectos.

PERÍODO	Cretácico superior
FAMILIA	*Ornithomimidae*
DIETA	omnívora
LONGITUD	6 m
PESO	400 kg
LOCALIZACIÓN	Asia

- 31 de enero -

STRUTHIOMIMUS

El nombre de este dinosaurio significa 'imitador de avestruces'. Tenía las manos más largas que otros miembros de su familia, y es posible que las empleara para atrapar insectos, reptiles o plantas. Podía alcanzar una velocidad de hasta 70 km/h.

PERÍODO	Cretácico superior
FAMILIA	*Ornithomimidae*
DIETA	omnívora
LONGITUD	4,5 m
PESO	150 kg
LOCALIZACIÓN	América del Norte

Febrero

- 1 de febrero -

XENOCERATOPS

Con dos grandes cuernos sobre los ojos y enormes espinas en su voluminoso volante, no es de extrañar que el nombre de este dinosaurio signifique 'cara extraña con cuernos'. El volante lo protegía de los ataques de hambrientos carnívoros. Este pacífico vegetariano era gregario y se alimentaba de las hojas que arrancaba con el pico y luego molía con las numerosas hileras de dientes yugales, situados en la zona de las mejillas.

PERÍODO	Cretácico superior
FAMILIA	*Ceratopsidae*
DIETA	herbívora
LONGITUD	6 m
PESO	2 t
LOCALIZACIÓN	América del Norte

NYASASAURUS

Algunos expertos consideran que este animal del tamaño de un perro es el dinosaurio más antiguo encontrado hasta la fecha. Tenía una cola extremadamente larga: medía más de la mitad de todo su cuerpo. Lo más probable es que caminara sobre dos patas e introdujera la cabeza entre los matorrales para hacerse con sus presas.

PERÍODO	Triásico medio
FAMILIA	primeros terópodos
DIETA	carnívora
LONGITUD	3 m
PESO	60 kg
LOCALIZACIÓN	África

OURANOSAURUS

El impresionante alerón en el lomo del *Ouranosaurus* estaba conformado por las largas espinas que le cubrían la piel. Tal vez lo emplease para cortejar a una pareja o deshacerse de los rivales. Caminaba sobre las cuatro patas en busca de hojas, frutas y semillas con las que alimentarse, si bien también era capaz de desplazarse sobre dos cuando debía huir de los depredadores.

PERÍODO	Cretácico inferior
FAMILIA	*Iguanodontidae*
DIETA	herbívora
LONGITUD	7 m
PESO	4 t
LOCALIZACIÓN	África

MIRAGAIA

Su cuello largo permitía al *Miragaia* alcanzar las copas más altas de los árboles. Esto no era lo habitual, pues la mayoría de los estegosaurios se alimentaban de matorrales a ras de suelo, por lo que tenían el cuello más corto. Los cuatro grandes pinchos en la cola de este dinosaurio podían infligir graves daños a un depredador.

PERÍODO	Jurásico superior
FAMILIA	*Stegosauridae*
DIETA	herbívora
LONGITUD	6 m
PESO	2,2 t
LOCALIZACIÓN	Europa

PNEUMATORAPTOR

El nombre de este pequeño dinopájaro significa 'ladrón del aire'. No era capaz de volar, pero las cavidades de aire en sus huesos harían de él un animal muy ligero. A pesar de su apariencia aviar, fue un depredador feroz y activo, siempre a la caza de pequeños animales y lagartijas. Además, probablemente hurgase en la carroña de otros terópodos más grandes, con los que cohabitaba.

PERÍODO	Cretácico superior
FAMILIA	*Dromaeosauridae*
DIETA	carnívora
LONGITUD	80 cm
PESO	10 kg
LOCALIZACIÓN	Europa

- 6 de febrero -

DEINOCHEIRUS

Lo extraordinario de este dinosaurio jorobado es su tamaño, no su velocidad. Poseía un largo hocico de aspecto equino, sin dientes, que usaba para revolver entre algas y peces del fondo de arroyos y lagos. Se los tragaba enteros para luego, una vez dentro del estómago, triturarlos con la ayuda de gastrolitos. Usaba las grandes zarpas para doblar ramas o hurgar en busca de alimento en la tierra.

PERÍODO	Cretácico superior
FAMILIA	*Deinocheiridae*
DIETA	omnívora
LONGITUD	12 m
PESO	7 t
LOCALIZACIÓN	Asia

AUSTROSAURUS

Algunos de los animales terrestres más grandes de la historia se cuentan entre los titanosaurios. Este dinosaurio de cuello largo era uno de los más pequeños de su familia y, sin embargo, podía echar abajo hojas y ramas de las coníferas más altas que crecían al abrigo del clima húmedo y frío de la región.

PERÍODO	Cretácico inferior
FAMILIA	*Titanosauridae*
DIETA	herbívora
LONGITUD	15 m
PESO	14,5 t
LOCALIZACIÓN	Australia

ACROCANTHOSAURUS

Se sabe que este portentoso carnívoro cazaba grandes dinosaurios herbívoros. Sus potentes patas traseras le ayudaban a abatir a sus presas. Fue uno de los de mayor tamaño de su familia, tenía la cabeza grande, los dientes afilados y la cola larga y delgada, para así mantener el equilibrio mientras corría.

PERÍODO	Cretácico inferior
FAMILIA	*Carcharodontosauridae*
DIETA	carnívora
LONGITUD	11,5 m
PESO	7 t
LOCALIZACIÓN	América del Norte

LOS MÁS VELOCES

Los dinosaurios más rápidos eran bípedos que atrapaban presas en movimiento. Aunque algunos carnívoros más pequeños también necesitaban ser rápidos para escapar de las garras de fieros depredadores.

- 9 de febrero -

CONCAVENATOR

Con las largas patas de un saltador y unos pies diminutos, el *Concavenator* corría veloz por terreno firme y seco. Sus presas favoritas eran los mamíferos, aunque no le hacía ascos a dinosaurios pequeños y a cocodrilos.

PERÍODO	Cretácico inferior
FAMILIA	*Carcharodontosauridae*
DIETA	carnívora
LONGITUD	6 m
PESO	1,5 t
LOCALIZACIÓN	Europa

- 10 de febrero -

DELTADROMEUS

Este ágil depredador podía correr tan veloz como un galgo. Necesitaba que fuera así para atrapar presas más pequeñas y también para zafarse de carnívoros más grandes, como el *Spinosaurus* (*véase pág. 81*).

PERÍODO	Cretácico superior
FAMILIA	*Noasauridae*
DIETA	carnívora
LONGITUD	8 m
PESO	1,5 t
LOCALIZACIÓN	África

- 11 de febrero -

SINOCALLIOPTERYX

Sus potentes patas traseras le permitían acechar con éxito a lagartos y mamíferos. También le ayudaban a pegar saltos para atrapar reptiles voladores en pleno vuelo.

PERÍODO	Cretácico inferior
FAMILIA	*Comsognathidae*
DIETA	carnívora
LONGITUD	2,3 m
PESO	20 kg
LOCALIZACIÓN	Asia

ALBERTADROMEUS

Fue el vegetariano más pequeño de su hábitat. Del tamaño de un pavo, tenía que ser rápido, pues era un bocado de lo más tentador para muchos de los carnívoros que compartían su mismo espacio.

PERÍODO	Cretácico superior
FAMILIA	*Parksosauridae*
DIETA	herbívora
LONGITUD	1,6 m
PESO	16 kg
LOCALIZACIÓN	América del Norte

BAMBIRAPTOR

Veloz y voraz cazador de pequeños mamíferos y reptiles, este dinosaurio con aspecto de pájaro poseía una mortífera garra en cada pie, así como unos dientes afiladísimos.

PERÍODO	Cretácico superior
FAMILIA	*Dromaeosauridae*
DIETA	carnívora
LONGITUD	1 m
PESO	3 kg
LOCALIZACIÓN	América del Norte

GORGOSAURUS

Íntimamente relacionado con el *Tyrannosaurus* (*véase pág. 113*), este carnívoro de cráneo descomunal y mandíbulas enormes, era más ligero. Los jóvenes corrían mucho más rápido que su pariente, célebre por su lentitud.

PERÍODO	Cretácico superior
FAMILIA	*Tyrannosauridae*
DIETA	carnívora
LONGITUD	9 m
PESO	2,5 t
LOCALIZACIÓN	América del Norte

BOREALOPELTA

Este dinosaurio fuertemente armado tenía el tamaño de un tanque y la protección de unos temibles pinchos. Cazado por feroces carnívoros, entre los cuales se incluye el *Acrocanthosaurus* (*véase pág. 35*), su color de piel le ayudaba a camuflarse entre los árboles del bosque. Una vez allí, la parte superior de su cuerpo, de una tonalidad rojiza amarronada, y la inferior, con una contracoloración más pálida, se fundían con las sombras. Se alimentaba principalmente de hojas, aunque también de madera y carbón.

PERÍODO	Cretácico inferior
FAMILIA	*Nodosauridae*
DIETA	herbívora
LONGITUD	5,5 m
PESO	1,4 t
LOCALIZACIÓN	América del Norte

ALWALKERIA

Pequeño bípedo capaz de correr a gran velocidad sobre sus patas traseras y usando la cola para mantener el equilibrio. El *Alwalkeria* vivía en un área en torno a un antiguo lago, así que dispondría de un gran surtido de presas para elegir. Se cree que este dinosaurio primitivo llevaba una dieta variada a base de insectos, pequeños animales y plantas de tallo blando. Sus incisivos eran sólidos y rectos, mientras que el resto de piezas dentales se curvaban hacia atrás, una combinación poco frecuente.

PERÍODO	Triásico superior
FAMILIA	Primeros dinosaurios
DIETA	omnívora
LONGITUD	1,5 m
PESO	2 kg
LOCALIZACIÓN	Asia

NOMINGIA

Este dinosaurio no sabía volar, pero sin duda mostraba algunos rasgos atribuibles a los pájaros. El impresionante abanico en la punta de la cola del *Nomingia* tendría por finalidad atraer a una pareja, de un modo muy similar a como hoy lo hace el pavo real. Fue el primer dinosaurio con pigóstilo del que se supo; dicho pigóstilo estaba conformado por cinco huesos de la cola, fusionados para sostener el abanico de la punta. Por su cuerpo plumado, largas patas y manos con garras, era un tipo de animal poco frecuente.

PERÍODO	Cretácico superior
FAMILIA	*Oviraptoridae*
DIETA	omnívora
LONGITUD	1,7 m
PESO	21 kg
LOCALIZACIÓN	Asia

ARISTOSUCHUS

A pesar de su nombre, que significa 'cocodrilo salvaje', este terópodo era un dinosaurio parecido a un pájaro, con los huesos huecos, las piernas traseras largas y pies tridáctilos. Fue un eficaz cazador en los bosques de lo que hoy es Europa occidental. Entre sus presas había ranas, insectos, pequeños mamíferos, lagartos y aves primitivas, a las que capturaba con su boca llena de dientes afilados como agujas.

PERÍODO	Cretácico inferior
FAMILIA	*Compsognathidae*
DIETA	carnívora
LONGITUD	2 m
PESO	30 kg
LOCALIZACIÓN	Europa

DIABLOCERATOPS

Con sus dos cuernos espectacularmente largos y curvos en lo más alto del volante y otros cuantos alrededor de la cabeza, este 'rostro con cuernos de diablo' habría infundido suficiente miedo como para ahuyentar a la mayoría de los depredadores. ¡La distancia desde el extremo del pico hasta la parte trasera de su volante podía ser de 1 m! Su pronunciado hocico lo ayudaba a localizar las plantas de las que se alimentaba, que recogía al tiempo que se movía en manada.

PERÍODO	Cretácico superior
FAMILIA	*Ceratopsidae*
DIETA	herbívora
LONGITUD	5,5 m
PESO	1,8 t
LOCALIZACIÓN	América del Norte

INSECTÍVOROS

La mayor parte de estos insectívoros poseía garras especializadas en desenterrar a sus presas del subsuelo o de troncos de árboles caídos. Necesitaban tener buena vista y moverse rápido para atraparlos.

- 20 de febrero -

LINHENYKUS

Este zampabichos vivía en el actual desierto de Mongolia. Se valía de un único dedo con garra en cada brazo para hurgar en termiteros y hormigueros.

PERÍODO	Cretácico superior
FAMILIA	*Alvarezsauridae*
DIETA	carnívora
LONGITUD	90 cm
PESO	2 kg
LOCALIZACIÓN	Asia

- 21 de febrero -

MAHAKALA

Este dinopájaro, un diminuto bípedo de brazos cortos, fue uno de los primeros dromeosáuridos. Al igual que sus parientes, tenía una garra con forma de hoz en cada pie para sujetar al insecto o al pequeño animal que fuera su presa.

PERÍODO	Cretácico superior
FAMILIA	*Dromaeosauridae*
DIETA	carnívora
LONGITUD	70 cm
PESO	1 kg
LOCALIZACIÓN	Asia

- 22 de febrero -

ALBERTONYKUS

Del tamaño de una gallina, este insectívoro contaba con un par de brazos cortos perfectos para excavar. Probablemente engullía todas las termitas e insectos que encontraba en los troncos de árboles caídos.

PERÍODO	Cretácico superior
FAMILIA	*Alvarezsauridae*
DIETA	carnívora
LONGITUD	70 cm
PESO	5 kg
LOCALIZACIÓN	América del Norte

MONONYKUS

Cazador nocturno, los grandes ojos del *Mononykus* le permitían localizar a su presa y evitar a los depredadores. Además de insectos, capturaba lagartos y pequeños mamíferos. Su nombre significa 'garra única'.

PERÍODO	Cretácico superior
FAMILIA	*Alvarezsauridae*
DIETA	carnívora
LONGITUD	1 m
PESO	3,5 kg
LOCALIZACIÓN	Asia

ALVAREZSAURUS

En uno de los dedos de cada mano poseía una garra de gran longitud para hurgar en busca de insectos, que mordía con sus dientecillos, situados en la parte delantera del hocico. Tenía las piernas largas, por lo que debió de ser un experto corredor.

PERÍODO	Cretácico superior
FAMILIA	*Alvarezsauridae*
DIETA	carnívora
LONGITUD	2 m
PESO	3 kg
LOCALIZACIÓN	Sudamérica

JURAVENATOR

Además de insectos, este pequeño terópodo también se alimentaba de peces y lagartos. Tenía un gran par de ojos, motivo por el cual se cree que quizá incluso cazaba en lagunas poco profundas y en la costa, al atardecer o ya de noche.

PERÍODO	Jurásico superior
FAMILIA	*Compsognathidae*
DIETA	carnívora
LONGITUD	75 cm
PESO	500 g
LOCALIZACIÓN	Europa

ANZU

Este voluminoso terópodo se asemejaba mucho a un avestruz, y se le apodó 'pollo del infierno' después de que se encontraran los esqueletos de tres ejemplares de *Anzu* en Hell Creek Formation (Formación Arroyo del Infierno), en América del Norte. Vivía en los húmedos terrenos inundables que había allí por entonces, en donde apresaba pequeños animales con sus afiladas y enormes garras. También se alimentaba de vegetación blanda.

PERÍODO	Cretácico superior
FAMILIA	*Caenagnathidae*
DIETA	omnívora
LONGITUD	3 m
PESO	225 kg
LOCALIZACIÓN	América del Norte

- 27 de febrero -

KAMUYSAURUS

Como otros miembros de su familia, el *Kamuysaurus* se movía en manada y pastaba sobre cuatro patas en terrenos con sotobosque. Es posible que escapase a la carrera de los depredadores y que lo hiciese sobre dos, valiéndose de la cola para mantener el equilibrio. Su pico en forma de cuerno no tenía dientes por fuera, pero sí centenares de piezas dentales con que triturar la vegetación de las regiones litorales cercanas al océano, donde vivía.

PERÍODO	Cretácico superior
FAMILIA	*Hadrosauridae*
DIETA	herbívora
LONGITUD	8 m
PESO	5,5 t
LOCALIZACIÓN	Asia

LEAELLYNASAURA

Para ser un dinosaurio pequeño, este vegetariano tenía una cola increíblemente larga, con más de 70 vértebras (en torno al 75% de la longitud de su cuerpo). Se cree que era capaz de conservar el calor cuando hacía frío enroscando su cola alrededor de su cuerpo. Este dinosaurio poco común disponía además de un cerebro y unos ojos grandes; estos le ayudarían a orientarse en momentos de poca luz.

PERÍODO	Cretácico medio
FAMILIA	*Hypsilophodontidae*
DIETA	herbívora
LONGITUD	2 m
PESO	8 kg
LOCALIZACIÓN	Australia

- 29 de febrero -

KOL

Posiblemente el miembro de mayor tamaño de una extraña familia de terópodos con plumas, este dinosaurio tenía pulgares con enormes garras que seguramente usaba para escarbar en el interior de troncos de árboles caídos, en busca de termitas y otros insectos. Además, cazaba lagartos y pequeños mamíferos.

PERÍODO	Cretácico superior
FAMILIA	*Alvarezsauridae*
DIETA	carnívora
LONGITUD	2,3 m
PESO	20 kg
LOCALIZACIÓN	Asia

Marzo

- 1 de marzo -

MICROPACHYCEPHALOSAURUS

El nombre de este bípedo significa 'lagarto pequeño de cabeza gruesa'. Era uno de los dinosaurios más pequeños, aunque, como el resto de su familia, destacó por su sólida y huesuda cabeza. Sin embargo, su mayor arma defensiva fue su capacidad para huir de los depredadores.

PERÍODO	Cretácico superior
FAMILIA	*Pachycephalosauridae*
DIETA	herbívora
LONGITUD	1 m
PESO	4,5 kg
LOCALIZACIÓN	Asia

INCISIVOSAURUS

Apodado a menudo «conejosaurus», este ovirraptórido primitivo del tamaño de un pavo era toda una rareza. Con plumas y aspecto de ave, tenía dos grandes paletas frontales, muy similares a los dientes que los conejos emplean para recortar hojas y plantas. Es probable que fuera vegetariano, pero también cabe la posibilidad de que de vez en cuando se alimentara de pequeños animales y huevos de dinosaurio.

PERÍODO	Cretácico inferior
FAMILIA	*Oviraptoridae*
DIETA	omnívora
LONGITUD	1 m
PESO	6 kg
LOCALIZACIÓN	Asia

TIANYULONG

Del tamaño aproximado de un gato y con una cola larga y peluda, este dinosaurio se desplazaba sobre sus dos patas y se alimentaba de plantas e insectos. Tenía plumas, lo cual sorprende, pues pertenecía a un grupo de dinosaurios con armadura, que carecían de ellas.

PERÍODO	Cretácico inferior
FAMILIA	*Heterodontosauridae*
DIETA	omnívora
LONGITUD	70 cm
PESO	4 kg
LOCALIZACIÓN	Asia

- 4 de marzo -

RAPETOSAURUS

Este titanosáurido de gran altura destacaba por su cuello largo al final de un enorme cuerpo con forma de elefante. Su aspecto le permitía alcanzar las partes más altas del follaje y, por tanto, deliciosas hojas que luego trituraba con sus dientes menudos, semejantes a la punta de un lápiz. Fue uno de los últimos miembros de su familia, si bien de apariencia algo distinta. Su inmenso cráneo, con orificios nasales en la parte de arriba, era muy similar al del *Diplodocus* (*véase pág. 57*), que pertenecía a una familia diferente.

PERÍODO	Cretácico superior
FAMILIA	*Titanosauridae*
DIETA	herbívora
LONGITUD	15 m
PESO	13 t
LOCALIZACIÓN	África

«PICO DE PATO»

Los hadrosáuridos reciben este apodo por su hocico largo y aplanado rematado en un pico sin dientes. Eran muy apacibles y solían advertir a la manada del peligro haciendo sonar sus crestas huecas.

- 5 de marzo -

TSINTAOSAURUS

Debido a su larga cresta con forma de cuerno en lo alto del cráneo, a este dinosaurio se le ha llamado 'unicornio con cara de pato'. Probablemente fuera alimento de los tiranosaurios.

PERÍODO	Cretácico superior
FAMILIA	*Hadrosauridae*
DIETA	herbívora
LONGITUD	10 m
PESO	2,7 t
LOCALIZACIÓN	Asia

- 6 de marzo -

PARASAUROLOPHUS

Su cresta iba desde la cabeza hacia atrás, y poseía dos conductos huecos que partían del hocico. Se cree que podía emitir potentes sonidos, parecidos a los de una trompeta.

PERÍODO	Cretácico superior
FAMILIA	*Hadrosauridae*
DIETA	herbívora
LONGITUD	11 m
PESO	3,5 t
LOCALIZACIÓN	América del Norte

- 7 de marzo -

SAUROLOPHUS

Al igual que otros hadrosáuridos, el *Saurolophus* atrapaba las hojas y ramas con el pico. Luego, con las muelas traseras, las trituraba frotando entre sí los maxilares superior e inferior.

PERÍODO	Cretácico superior
FAMILIA	*Hadrosauridae*
DIETA	herbívora
LONGITUD	12 m
PESO	2 t
LOCALIZACIÓN	Asia, América

KRITOSAURUS

Curiosamente, este hadrosáurido no tenía cresta, sino una protuberancia ósea en el hocico. Se alimentaba de plantas de distintas alturas y se valía de la cola para mantener el equilibrio.

PERÍODO	Cretácico superior
FAMILIA	*Hadrosauridae*
DIETA	herbívora
LONGITUD	11 m
PESO	3 t
LOCALIZACIÓN	América del Norte

CORYTHOSAURUS

La cresta con forma de casco que poseía sobre la cabeza pudo servirle para lanzar señales con las que atraer a una hembra o advertir a la manada de la proximidad de un depredador hambriento.

PERÍODO	Cretácico superior
FAMILIA	*Hadrosauridae*
DIETA	herbívora
LONGITUD	10 m
PESO	5 t
LOCALIZACIÓN	América del Norte

LAMBEOSAURUS

Este hadrosáurido tenía una cresta única, con forma de escotilla. Su hocico estrecho finalizaba en un pico ancho y romo, y los machos tal vez tuvieran crestas más grandes que las hembras.

PERÍODO	Cretácico superior
FAMILIA	*Hadrosauridae*
DIETA	herbívora
LONGITUD	9,5 m
PESO	3 t
LOCALIZACIÓN	América del Norte

LAJASVENATOR

Emparentado con el *Carchorodontosaurus* (*véase pág. 68*) y algunos otros carnívoros gigantes, era el más pequeño de su fiera familia y el primero que habría vivido en lo que hoy es Sudamérica. Se cree que cazaba animales y dinosaurios en una tierra llena de bosques tropicales y lagos rebosantes de peces, cocodrilos y tortugas.

PERÍODO	Cretácico inferior
FAMILIA	*Carcharodontosauridae*
DIETA	carnívora
LONGITUD	5 m
PESO	500 kg
LOCALIZACIÓN	Sudamérica

BOROGOVIA

Este trodóntido se denomina así por las criaturas llamadas «borogoves» del poema «Jabberwocky», de Lewis Carroll. Era un depredador ágil y veloz que cazaba lagartos y pequeños mamíferos. Al contrario que otros miembros de su familia, como el *Troodon* (*véase pág. 16*), no tenía una garra con forma de hoz en el pie.

PERÍODO	Cretácico superior
FAMILIA	*Troodontidae*
DIETA	carnívora
LONGITUD	2 m
PESO	20 kg
LOCALIZACIÓN	Asia

LOPHOSTROPHEUS

Este dinosaurio es importante porque sobrevivió a la extinción del Triásico-Jurásico, durante la cual pereció más de la mitad de los seres vivos de la Tierra. Se conocen muy pocos dinosaurios de ese período. Terópodo de tamaño medio, fue un bípedo ágil y rápido que cazaba a sus presas en ciénagas y marjales.

PERÍODO	Triásico superior/Jurásico inferior
FAMILIA	*Coelophysidae*
DIETA	carnívora
LONGITUD	5 m
PESO	200 kg
LOCALIZACIÓN	Europa

ORNITHOLESTES

Muy ágil de pies, este pequeño carnívoro de patas largas era muy veloz a la hora de dar caza a pequeños y apetitosos mamíferos, lagartos y crías de dinosaurio. Quizá también se alimentaba de carroña. Su nombre significa 'ladrón de pájaros'. Llaman la atención sus grandes ojos en una cabeza tan pequeña sobre el largo cuello, y su cola muy larga, que abarcaba más de la mitad de su longitud total.

PERÍODO	Jurásico superior
FAMILIA	*Coeluridae*
DIETA	carnívora
LONGITUD	2 m
PESO	12 kg
LOCALIZACIÓN	América del Norte

DROMAEOSAURUS

Del tamaño de un lobo y dado a viajar en manada, este depredador de
gran cabeza tenía la boca llena de dientes de sierra y una afilada garra
con forma de hoz en cada uno de sus pies traseros con la que reducía
a sus presas. Sus enormes ojos le otorgaban una estupenda visión,
y sus buenos sentidos del oído y el olfato le ayudaban
a localizar herbívoros. Corría tras su presa y se
abalanzaba sobre ella, atrapándola con sus manos
garradas mientras le propinaba fulminantes golpes
con una de las patas traseras.

PERÍODO	Cretácico superior
FAMILIA	*Dromaeosauridae*
DIETA	carnívora
LONGITUD	2 m
PESO	15 kg
LOCALIZACIÓN	América del Norte

EDMONTOSAURUS

Por más rápido que corriera, este tranquilo
hadrosáurido probablemente no era capaz de
desplazarse a la suficiente velocidad como para
escapar de un grupo decidido y hambriento de
dromaeosáuridos. Serpenteando entre los árboles,
un ejemplar adulto trataría de proteger a sus pequeños
del ataque, al tiempo que inflaba la piel próxima a la
nariz para lanzar un bramido de advertencia a otros
dinosaurios de su manada.

PERÍODO	Cretácico superior
FAMILIA	*Hadrosauridae*
DIETA	herbívora
LONGITUD	13 m
PESO	3,5 t
LOCALIZACIÓN	América del Norte

DENTADURAS

Los dinosaurios presentaban una gran variedad de dientes: piezas afiladas y serradas para desgarrar la carne o filas y filas para triturar plantas duras. Si perdían alguno, solía salirles otro. Algunos tenían miles durante su vida.

- 17 de marzo -

HERRERASAURUS

Este terrorífico dinosaurio poseía una mandíbula inferior capaz de proyectarse, lo cual le permitía sujetar con mayor facilidad a su presa. Sus potentes maxilares y sus dientes largos y curvos despedazaban en un visto y no visto a los grandes reptiles que capturaba para comer.

PERÍODO	Triásico superior
FAMILIA	*Herrerasauridae*
DIETA	carnívora
LONGITUD	6 m
PESO	350 kg
LOCALIZACIÓN	Sudamérica

- 18 de marzo -

MONOLOPHOSAURUS

Este carnívoro se caracterizaba por sus numerosos dientes afilados y con forma de sierra, alineados en el hocico, y por su larga cresta. Es posible que cazara en manada y que sus presas fuesen saurópodos como el *Mamenchisaurus* (*véase pág. 98*).

PERÍODO	Jurásico medio
FAMILIA	*Megalosauridae*
DIETA	carnívora
LONGITUD	7 m
PESO	700 kg
LOCALIZACIÓN	Asia

- 19 de marzo -

HETERODONTOSAURUS

Este dinosaurio extraordinariamente pequeño tenía tres tipos de dientes: ¡unos para comer, otros para desgarrar y otros más para roer! En la parte delantera de la mandíbula disponía de algo parecido a dos colmillos y un dientecito con forma de pinza, mientras que las muelas se ubicaban en la parte de atrás.

PERÍODO	Jurásico inferior
FAMILIA	*Heterodontosauridae*
DIETA	herbívora
LONGITUD	1,2 m
PESO	10 kg
LOCALIZACIÓN	África

- 20 de marzo -
DIPLODOCUS

Para ser un dinosaurio tan grande, este herbívoro tenía los dientes pequeños. Salientes y quebradizos, se estima que cada diente era reemplazado más o menos cada 35 días.

PERÍODO	Jurásico superior
FAMILIA	*Diplodocidae*
DIETA	herbívora
LONGITUD	27 m
PESO	20 t
LOCALIZACIÓN	América del Norte

- 21 de marzo -
CAMARASAURUS

Su magnífico olfato habría guiado a este herbívoro hasta los mejores lugares en los que buscar alimento, en lo más alto de las copas de los árboles. Se cree que allí usaba sus largos y puntiagudos dientes para triturar la vegetación más resistente.

PERÍODO	Jurásico superior
FAMILIA	*Camarasauridae*
DIETA	herbívora
LONGITUD	23 m
PESO	20 t
LOCALIZACIÓN	América del Norte, Europa

- 22 de marzo -
MEGALOSAURUS

El estrecho cráneo de esta colosal bestia contenía unos dientes largos y afilados como cuchillas para trocear a sus presas. También hurgaba en los restos, aprovechando la carroña de dinosaurios muertos.

PERÍODO	Jurásico medio
FAMILIA	*Megalosauridae*
DIETA	carnívora
LONGITUD	9 m
PESO	3 t
LOCALIZACIÓN	Europa

CENTROSAURUS

El gran cuerno que sobresale del hocico y los dos pinchos ganchudos de su volante eran una gran defensa contra un depredador. Este herbívoro comía plantas a ras de suelo y se desplazaba por las planicies y bosques de lo que hoy es el oeste de América del Norte. Se han hallado los restos fósiles de una manada al completo, incluidas las crías, en el lecho de un río; sus integrantes quizá se ahogaron mientras cruzaban durante un momento de gran crecida.

PERÍODO	Cretácico superior
FAMILIA	*Ceratopsidae*
DIETA	herbívora
LONGITUD	6 m
PESO	2,7 t
LOCALIZACIÓN	América del Norte

- 24 de marzo -

RHABDODON

Con la cabeza roma acabada en un pico, este dinosaurio probablemente caminaba sobre sus fuertes patas traseras, arrancando las hojas de los árboles y los matorrales en flor conforme avanzaba junto a su manada. En la cálida y húmeda atmósfera de entonces, el *Rhabdodon* habría sido una presa fácil para los grandes carnívoros con los que compartía hábitat, de ahí que se refugiara en la seguridad que le ofrecía el grupo.

PERÍODO	Cretácico superior
FAMILIA	*Rhabdodontidae*
DIETA	herbívora
LONGITUD	4,5 m
PESO	450 kg
LOCALIZACIÓN	Europa

VELOCISAURUS

Aunque era bajo, grueso y el miembro más pequeño de su familia, tenía las patas largas y podía correr a gran velocidad. Su robusto tercer dedo del pie indica que pasó gran parte de su vida corriendo, por lo que lo bautizaron como 'lagarto veloz'. Además de alimentarse de pequeños mamíferos, es probable que se valiera de su velocidad para escapar de terópodos más grandes que cazaban en su mismo hábitat.

PERÍODO	Cretácico superior
FAMILIA	*Noasauridae*
DIETA	carnívora
LONGITUD	1,2 m
PESO	10 kg
LOCALIZACIÓN	Sudamérica

PROTOCERATOPS

Del tamaño de una oveja, le gustaban las cicas y otros arbustos. Tenía garras en los dedos de los pies para ayudarse a escarbar entre la vegetación en busca de hojas y ramas. Aunque no era un herbívoro desvalido, pues sus potentes mandíbulas eran capaces de morder con fuerza. En 1971, los paleontólogos localizaron el que ahora es un famoso fósil de *Protoceratops* luchando a muerte con un *Velociraptor* (*véase pág. 83*).

PERÍODO	Cretácico superior
FAMILIA	*Protoceratopsidae*
DIETA	herbívora
LONGITUD	1,8 m
PESO	225 kg
LOCALIZACIÓN	Asia

TORVOSAURUS

Este 'lagarto salvaje' es un gigantesco depredador terrestre, conocido por ser uno de los más feroces del Jurásico. Su boca estaba repleta de temibles dientes como cuchillas de 10 cm de longitud. Pesaba mucho y tenía unas robustas patas traseras, así como brazos cortos acabados en garras tan afiladas como las de un águila.

PERÍODO	Jurásico medio
FAMILIA	*Megalosauridae*
DIETA	carnívora
LONGITUD	10 m
PESO	4,5 t
LOCALIZACIÓN	América del Norte, Europa

- 28 de marzo -

CERATONYKUS

Pequeño y con las patas largas, este terópodo parece que se adaptó a correr por la arena del desierto. Sus extremidades eran minúsculas pero fuertes, con manos más propias de las aves. Se cree que cazaba animales pequeños, pero también es posible que comiera grandes insectos.

PERÍODO	Cretácico superior
FAMILIA	*Alvarezsauridae*
DIETA	carnívora
LONGITUD	75cm
PESO	1 kg
LOCALIZACIÓN	Asia

- 29 de marzo -

ELOPTERYX

Identificado en un principio como pájaro debido a su apariencia, los paleontólogos han debatido largo y tendido sobre este dinosaurio. Su nombre significa 'ala de pantano'. Vivía y cazaba a sus presas en las zonas pantanosas de lo que en la actualidad es Rumanía.

PERÍODO	Cretácico superior
FAMILIA	*Elopterygidae*
DIETA	carnívora
LONGITUD	1 m
PESO	20 kg
LOCALIZACIÓN	Europa

- 30 de marzo -

FULGUROTHERIUM

Su nombre significa 'bestia del rayo', en alusión
a la localidad de Lightning [Rayo] Ridge, en Australia.
Vivía en grandes manadas y consiguió sobrevivir en
un ambiente extremo. Se cree que por aquel entonces
los veranos eran abrasadores y los inviernos, muy fríos.
Es posible que pasara los meses más gélidos bajo tierra,
en una madriguera.

PERÍODO	Cretácico inferior
FAMILIA	*Hypsilophodontidae*
DIETA	herbívora
LONGITUD	2 m
PESO	11 kg
LOCALIZACIÓN	Australia

- 31 de marzo -

BYRONOSAURUS

Con unos dientes como agujas, el *Byronosaurus*
se alimentaba de lagartos, ranas y serpientes. Era
un corredor veloz, con una garra retráctil en el
segundo dedo del pie. Un par de ojos grandes
y un aguzado sentido del olfato lo ayudaban a
encontrar presas. Se han descubierto grupos de
nidos fósiles parcialmente enterrados en la arena.

PERÍODO	Cretácico superior
FAMILIA	*Troodontidae*
DIETA	carnívora
LONGITUD	1,5 m
PESO	4 kg
LOCALIZACIÓN	Asia

- 1 de abril -

ALECTROSAURUS

Este tiranosauroide tenía el cráneo grande, los brazos diminutos y un par de resistentes patas traseras. Vivía en lo que hoy es el desierto de Gobi, si bien en el Cretácico superior esta área estaba cubierta de bosques, lagos y arroyos. Cazaba dinosaurios herbívoros como el *Gilmoreosaurus* (*véase pág. 92*), a los que mataba hincándoles sus afilados dientes.

PERÍODO	Cretácico superior
FAMILIA	*Tyrannosauridae*
DIETA	carnívora
LONGITUD	5 m
PESO	1 t
LOCALIZACIÓN	Asia

PHILOVENATOR

Las mandíbulas rebosantes de afilados dientes y las garras curvas con forma de hoz en los pies eran armas perfectas para este trodóntido de movimientos rápidos. Su nombre significa 'amor a la caza', pues fue un excelente depredador. Sus grandes ojos lo ayudaban a capturar pequeños mamíferos y lagartos al anochecer y en plena noche.

PERÍODO	Cretácico superior
FAMILIA	*Troodontidae*
DIETA	carnívora
LONGITUD	0,7 m
PESO	1,5 kg
LOCALIZACIÓN	Asia

- 3 de abril -

NANKANGIA

Debido a la forma de su mandíbula, este inusual ovirraptórido solo era capaz de abrir un poco la boca. Esto limitaba la variedad de alimentos que podía ingerir. Por esta razón, al contrario que otros miembros de su familia, era herbívoro y probablemente se alimentaba de semillas y vegetales blandos.

PERÍODO	Cretácico superior
FAMILIA	*Oviraptoridae*
DIETA	herbívora
LONGITUD	2,2 m
PESO	30 kg
LOCALIZACIÓN	Asia

ANGATURAMA

Parte de la familia de los 'reptiles con columna' o espinosáuridos, el *Angaturama* tenía una mandíbula parecida a la de los cocodrilos, con aguzados dientes. Este terópodo comía pterosaurios, pescado y pequeños animales que cazaba o carroña.

PERÍODO	Cretácico inferior
FAMILIA	*Spinosauridae*
DIETA	carnívora
LONGITUD	8 m
PESO	1 t
LOCALIZACIÓN	Sudamérica

MIRISCHIA

Hábil con los pies, este bípedo atrapaba libélulas al vuelo y capturaba pequeños mamíferos a ras de suelo. Vivía en lo que hoy en día es Brasil.

PERÍODO	Cretácico inferior
FAMILIA	*Compsognathidae*
DIETA	carnívora
LONGITUD	2 m
PESO	7 kg
LOCALIZACIÓN	Sudamérica

PATAGOTITAN

Uno de los más voluminosos de todos, este titanosaurio era un gigante entre gigantes. Tan pesado como una docena de elefantes africanos, tenía una envergadura de 6 m. Los dinosaurios así de grandes presentaban huesos huecos y poco pesados para poder desplazarse, además de cámaras de aire que permitían que el oxígeno llegase a todos los rincones de sus enormes cuerpos.

PERÍODO	Cretácico superior
FAMILIA	*Titanosauridae*
DIETA	herbívora
LONGITUD	40 m
PESO	70 t
LOCALIZACIÓN	Sudamérica

MEDUSACERATOPS

Muchas especies distintas de herbívoros con armadura vagaban en manada por las planicies de lo que hoy es América del Norte. Este tenía un volante particularmente vistoso, y toma su nombre de la Medusa de la mitología griega, cuya cabeza estaba cubierta por serpientes. Tenía asimismo un afilado cuerno de 1 m de largo encima de cada ojo.

PERÍODO	Cretácico superior
FAMILIA	*Ceratopsidae*
DIETA	herbívora
LONGITUD	6 m
PESO	2 t
LOCALIZACIÓN	América del Norte

- 8 de abril -

CARNOTAURUS

Rápido bípedo cuando se trataba de dar caza a pequeñas pero ágiles presas, el *Carnotaurus* podía alcanzar velocidades de hasta 50 "km/h.". Tenía la cabeza grande, la boca llena de afilados dientes, brazos de solo medio metro y un estupendo olfato para seguir el rastro de sus presas. Los dos cuernos en la cabeza del macho pudieron servirle para combatir con un igual, quizás por una presa o una hembra.

PERÍODO	Cretácico superior
FAMILIA	*Abelisauridae*
DIETA	carnívora
LONGITUD	9 m
PESO	3
LOCALIZACIÓN	Sudamérica

- 9 de abril -

ORODROMEUS

Este herbívoro, cuyo nombre significa 'corredor de montaña', huía rápidamente en caso de avistar a un *Troodon* (*véase pág. 16*). Era pequeño, tenía el pico en forma de cuerno y unos buenos molares para comer frutas y plantas de tallo duro. Quizá emplease sus fornidos brazos para cavar madrigueras en las que instalarse.

PERÍODO	Cretácico superior
FAMILIA	*Parksosauridae*
DIETA	herbívora
LONGITUD	2,5 m
PESO	10 kg
LOCALIZACIÓN	América del Norte

ARMADURAS

Dientes afilados, largas garras, pinchos y cuernos... Las armas de los dinosaurios eran variadas y violentas. Los depredadores las usaban para arremeter y matar, mientras que la mayoría las empleaba como defensa.

- 10 de abril -

EUOPLOCEPHALUS

Los anquilosáuridos herbívoros tenían una manera magnífica de defenderse: con el garrote o basto de su cola. Y el *Euoplocephalus* recurría tanto a su cola huesuda como a su armadura para protegerse del *Gorgosaurus* (*véase pág. 37*).

PERÍODO	Cretácico superior
FAMILIA	*Ankylosauridae*
DIETA	herbívora
LONGITUD	7 m
PESO	2 t
LOCALIZACIÓN	América del Norte

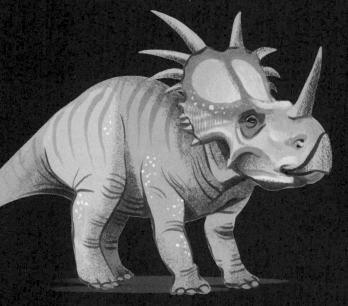

- 11 de abril -

STYRACOSAURUS

Fue un pacífico animal que se desplazaba en grandes manadas para protegerse de los depredadores. También empleaba para ello su gran cuerno y los pinchos en el volante alrededor del cuello.

PERÍODO	Cretácico superior
FAMILIA	*Ceratopsidae*
DIETA	herbívora
LONGITUD	5,5 m
PESO	2,7 t
LOCALIZACIÓN	América del Norte

- 12 de abril -

CARCHARODONTOSAURUS

Este temible bípedo fue uno de los carnívoros más grandes y pesados. Sus macizas mandíbulas estaban repletas de dientes con forma de sierra de hasta 20 cm de longitud.

PERÍODO	Cretácico inferior
FAMILIA	*Carcharodontosauridae*
DIETA	carnívora
LONGITUD	14 m
PESO	15 t
LOCALIZACIÓN	África

TALOS

Este trodóntido con apariencia de pájaro poseía unas garras afiladas y curvas por detrás de los pies que apoyaba en el suelo, listo para entrar en acción. Las usaba para capturar a sus presas, luchar contra un rival o defenderse.

PERÍODO	Cretácico superior
FAMILIA	*Troodontidae*
DIETA	carnívora
LONGITUD	2 m
PESO	38 kg
LOCALIZACIÓN	América del Norte

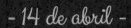

ICHTHYOVENATOR

Este 'cazador de peces' usaba su olfato, sus extensas mandíbulas y sus dientes afilados para pescar. En tierra, se valía de sus grandes pulgares en garra para sajar a pequeños dinosaurios o pterosaurios.

PERÍODO	Cretácico inferior
FAMILIA	*Spinosauridae*
DIETA	carnívora
LONGITUD	3 m
PESO	2 t
LOCALIZACIÓN	Asia

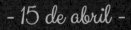

KENTROSAURUS

Este pequeño estegosáurido contaba con un arsenal impresionante. Una doble fila de placas y pinchos recorría todo su lomo hasta la cola, que balanceaba como forma de defensa. Se cree que los largos pinchos de los hombros lo protegían de ataques laterales.

PERÍODO	Jurásico superior
FAMILIA	*Stegosauridae*
DIETA	herbívora
LONGITUD	4,5 m
PESO	3 t
LOCALIZACIÓN	África

- 16 de abril -

BEIPIAOSAURUS

Este terópodo era ligero y un ágil corredor. El adorno
consistente en largas plumas rígidas en la cabeza, lomo
y cola no era frecuente. Puede que fuese uno de los primeros
dinosaurios en usar las plumas para exhibirse y no tanto
para calentarse. Tenías grandes garras que tal vez le servían para
recolectar hojas, así como para defenderse.

PERÍODO	Cretácico inferior
FAMILIA	*Therizinosauridae*
DIETA	herbívora
LONGITUD	2,2 m
PESO	85 kg
LOCALIZACIÓN	Asia

YUTYRANNUS

Ver un grupo de estos gigantescos bípedos haría temblar a cualquier herbívoro que se cruzara en su camino. El *Yutyrannus* –'tirano con plumas'– era un primo lejano del *Tyrannosaurus* (*véase pág. 113*). Estaba recubierto de plumas largas y finas de hasta 20 cm de longitud que lo ayudaban a calentarse. Tenía una gran cresta sobre la nariz que probablemente usaba para exhibirse y atraer a una pareja sexual.

PERÍODO	Cretácico inferior
FAMILIA	*Tyrannosauridae*
DIETA	carnívora
LONGITUD	9 m
PESO	1,4 t
LOCALIZACIÓN	Asia

- 18 de abril -

BECKLESPINAX

Las altas púas a lo largo de la gran columna de este depredador creaban una curiosa joroba o «alerón» con un revestimiento de plumas. Puede que los machos se sirvieran de él para atraer a las hembras. El *Becklespinax* tenía garras afiladas que empleaba para matar a presas como el *Iguanodon* (*véase págs. 26-27*) o enfrentarse a un rival terópodo, el *Baryonyx* (*véase pág. 196*).

PERÍODO	Cretácico inferior
FAMILIA	*Allosauridae*
DIETA	carnívora
LONGITUD	8 m
PESO	1,5 t
LOCALIZACIÓN	Europa

- 19 de abril -

PARVICURSOR

Es uno de los dinosaurios más pequeños encontrados hasta la fecha. Sus largas patas eran perfectas para moverse a buen paso y eludir las mandíbulas de un depredador. Su nombre se traduce como 'pequeño corredor'. El *Parvicursor* tenía los brazos más pequeños de todos los dinosaurios, con una afilada garra al final de cada uno para atrapar las termitas y hormigas que le encantaba comer.

PERÍODO	Cretácico superior
FAMILIA	*Alvarezsauridae*
DIETA	insectívora
LONGITUD	55 cm
PESO	170 g
LOCALIZACIÓN	Asia

- 20 de abril -

GRYPOSAURUS

Sorprendentemente, este colosal hadrosáurido no tenía cresta. Su brusco y protuberante pico se abría en una boca con nada menos que 300 dientes para machacar las plantas que le gustaba comer. Por lo general, caminaba sobre cuatro patas, pero era capaz de erguirse sobre las traseras a fin de alcanzar las sabrosas hojas en lo más alto de los árboles.

PERÍODO	Cretácico superior
FAMILIA	*Hadrosauridae*
DIETA	herbívora
LONGITUD	12 m
PESO	4,5 t
LOCALIZACIÓN	América del Norte

- 21 de abril -

SCIURUMIMUS

Este 'imitador de ardillas' contaba con una tupida cola muy parecida a las de las actuales ardillas, si bien la suya era más larga. Carnívoro de voluminoso cráneo, cazaba grandes animales, incluidos otros dinosaurios. Sus crías, por otro lado, capturaban insectos y pequeñas presas con sus dientes finos y puntiagudos en el extremo de las mandíbulas.

PERÍODO	Jurásico superior
FAMILIA	*Megalosauridae*
DIETA	carnívora
LONGITUD	60 cm
PESO	460 g
LOCALIZACIÓN	Europa

- 22 de abril -

GUANLONG

Tentempié preferido de los alosaurios locales, este primer miembro conocido de la familia de los tiranosauroides cazaba en el hábitat boscoso en que vivía. El *Guanlong* contaba con grandes brazos y manos en garra y tridáctilas para apresar y matar a sus víctimas (dinosaurios, mamíferos y animales de tamaño menor). La cresta de su hocico, que usaba para el cortejo, estaba conformada por huesos nasales fusionados y llena de cámaras de aire.

PERÍODO	Jurásico superior
FAMILIA	*Proceratosauridae*
DIETA	carnívora
LONGITUD	3 m
PESO	125 kg
LOCALIZACIÓN	Asia

- 23 de abril -

TARCHIA

Uno de los anquilosáuridos más grandes, el *Tarchia* tenía un cuerpo robusto que apoyaba sobre dos fuertes patas. Estaba bien protegido por unos cortantes pinchos alrededor de todo el cuerpo y por el basto aplanado en la punta de la cola, que podía balancear frente a cualquier depredador que lo amenazara. En el hocico presentaba una red de conductos de aire con la finalidad de humedecer el aire seco del desierto abrasador donde vivía.

PERÍODO	Cretácico superior
FAMILIA	*Ankylosauridae*
DIETA	herbívora
LONGITUD	8,5 m
PESO	1,5 t
LOCALIZACIÓN	Asia

- 24 de abril -

CAUDIPTERYX

Este pequeño dinosaurio del tamaño de un pavo y largas patas se movía con rapidez. Su corta cola terminaba en un abanico de plumas de hasta 15 cm de largo (su nombre significa 'cola emplumada'). Muy ligero de peso, tenía huesos, incluida una espoleta muy similar a la de las aves modernas. Se alimentaba principalmente de plantas y tragaba gastrolitos para triturarlas una vez dentro del estómago.

PERÍODO	Cretácico inferior
FAMILIA	*Caudipteridae*
DIETA	omnívora
LONGITUD	1 m
PESO	7 kg
LOCALIZACIÓN	Asia

PISCÍVOROS

Muchos dinosaurios vivían en la costa o en los deltas de los ríos. Algunos eran piscívoros y tenían el hocico estrecho y los dientes afilados. Otros fueron excelentes nadadores que perseguían a sus presas bajo el agua.

- 25 de abril -

OXALAIA

Este dinosaurio tenía las mandíbulas como las de los cocodrilos. Las fosas nasales estaban situadas en la parte de atrás de la cabeza, para que el agua no le entrara por ellas mientras pescaba.

PERÍODO	Cretácico superior
FAMILIA	*Spinosauridae*
DIETA	piscívora
LONGITUD	14 m
PESO	7 t
LOCALIZACIÓN	Sudamérica

- 26 de abril -

MASIAKASAURUS

Sus dientes aguzados y sobresalientes en el extremo de la boca lo ayudaban a capturar peces en el agua. Este 'lagarto agresivo', bípedo, comía asimismo serpientes y mamíferos.

PERÍODO	Cretácico superior
FAMILIA	*Noasauridae*
DIETA	piscívora
LONGITUD	2 m
PESO	20 kg
LOCALIZACIÓN	África

- 27 de abril -

SIAMOSAURUS

Pescador en los grandes lagos del interior del mar epicontinental, en la actual Tailandia, también comía pequeños saurópodos que capturaba en tierra.

PERÍODO	Cretácico inferior
FAMILIA	*Spinosauridae*
DIETA	piscívora
LONGITUD	9 m
PESO	3 t
LOCALIZACIÓN	Asia

SUCHOMIMUS

Las grandes zarpas de cada pulgar ayudaban a este espinosáurido a reducir a su presa. Además de peces, capturaba pterosaurios y pequeños dinosaurios en lagunas costeras y deltas de ríos de lo que en la actualidad es África.

PERÍODO	Cretácico inferior
FAMILIA	*Spinosauridae*
DIETA	piscívora
LONGITUD	11 m
PESO	5,2 t
LOCALIZACIÓN	África

OSTAFRIKASAURUS

A semejanza de otros miembros de su familia, el *Ostafrikasaurus*, el espinosáurido más antiguo de cuantos se conocen, vivía la mitad del tiempo fuera y la otra mitad dentro de lagos y ríos. Se cree que merodeaba en busca de pescado y que atrapaba presas terrestres cuando iba a beber.

PERÍODO	Jurásico superior
FAMILIA	*Spinosauridae*
DIETA	piscívora
LONGITUD	10 m
PESO	1 t
LOCALIZACIÓN	África

HALSZKARAPTOR

Similar a un pato en cuanto a tamaño, este dinosaurio fue un buceador hábil, así como un vigoroso nadador cuando tocaba ir tras una presa. Tenía el cuello largo y garras afiladas como cuchillas en las extremidades anteriores, con forma de aletas, que usaba para propulsarse por el agua.

PERÍODO	Cretácico superior
FAMILIA	*Dromaeosauridae*
DIETA	piscívora
LONGITUD	1 m
PESO	1,5 kg
LOCALIZACIÓN	Asia

- *1 de mayo* -

BISTAHIEVERSOR

De enorme cráneo, su profundo hocico estaba provisto de grandes fosas nasales para rastrear a sus presas, así como de mandíbulas con 64 afilados dientes para desgarrarlas. En el corazón de los bosques y a lo largo de ríos de lo que hoy es el parque nacional Badlands, en el oeste de Estados Unidos, este tiranosáurido 'destructor' fue un depredador de primerísimo nivel que acechaba a dinosaurios herbívoros como el *Pentaceratops* (*véase pág. 91*). Al igual que muchos de sus parientes, este terópodo tenía un cerebro relativamente grande para un dinosaurio.

PERÍODO	Cretácico superior
FAMILIA	*Tyrannosauridae*
DIETA	carnívora
LONGITUD	9 m
PESO	3 t
LOCALIZACIÓN	América del Norte

SPINOSAURUS

Piscívoro con apariencia de cocodrilo, dentro del agua este dinosaurio se sentía como en casa. Se adaptaba con facilidad y se alimentaba de peces que capturaba o bien erguido sobre el agua o bien nadando y buceando. Probablemente también comía pterosaurios, así como carroña de los manglares, zonas litorales y humedales en que vivía.

PERÍODO	Cretácico inferior
FAMILIA	*Spinosauridae*
DIETA	piscívora
LONGITUD	16 m
PESO	8 t
LOCALIZACIÓN	África

CITIPATI

Este terópodo tenía el cuello largo y el cráneo pequeño y terminado en un pico sin dientes. La alta cresta sobre la cabeza era un elemento de exhibición para atraer a una pareja sexual. Con grandes nidos terrestres que contenían hasta 30 huevos por puesta, los progenitores de ambos sexos se encargaban de empollarlos y de cuidar a sus crías.

PERÍODO	Cretácico superior
FAMILIA	*Oviraptoridae*
DIETA	omnívora
LONGITUD	3 m
PESO	85 kg
LOCALIZACIÓN	Asia

PINACOSAURUS

Un dinosaurio muy bien protegido, pues su fornido y rechoncho cuerpo estaba armado con placas hasta la punta misma de la cola. Con el pesado basto, al final de esta, podía propinar un golpe mortal si la balanceaba para contrarrestar a un atacante. Era gregario y recorría junto a su manada largas distancias en busca de plantas con las que alimentarse.

PERÍODO	Cretácico superior
FAMILIA	*Ankylosauridae*
DIETA	herbívora
LONGITUD	5 m
PESO	3 t
LOCALIZACIÓN	Asia

ZHUCHENGTYRANNUS

Corría sobre sus fuertes patas traseras tras sus presas, entre las cuales se contaban los dinosaurios «pico de pato» (*véanse págs. 50-51*). Este tiranosáurido gigante era probablemente tanto depredador como carroñero. Sus poderosas mandíbulas estaban armadas con dientes en forma de sierra de 10 cm de largo y que además se extendían hasta la base.

PERÍODO	Cretácico superior
FAMILIA	*Tyrannosauridae*
DIETA	carnívora
LONGITUD	11 m
PESO	6 t
LOCALIZACIÓN	Asia

PARALITITAN

Este titanosáurido debía comer plantas durante todo el día para mantener en forma su gigantesco cuerpo, con el que alcanzaba las más altas copas de los árboles y, por tanto, los bocados más apetitosos. Vivía en las costas del mar de Tetis, en un área con llanuras de marea y manglares en donde hoy en día se encuentra Egipto. Se trata de uno de los saurópodos de mayor tamaño conocidos hasta la fecha.

PERÍODO	Cretácico medio
FAMILIA	*Titanosauridae*
DIETA	herbívora
LONGITUD	27 m
PESO	60 t
LOCALIZACIÓN	África

ALBERTACERATOPS

Los dos grandes cuernos curvados localizados en la frente de este pequeño herbívoro podían repeler las amenazas de grandes depredadores, si bien confiaba su protección, sobre todo, a su habilidad para camuflarse. Se cree que el *Albertaceratops* es uno de los miembros más antiguos de una familia que incluiría al *Triceratops* (*véase pág. 188*).

PERÍODO	Cretácico superior
FAMILIA	*Ceratopsidae*
DIETA	herbívora
LONGITUD	6 m
PESO	3,5 t
LOCALIZACIÓN	América del Norte

- 8 de mayo -

VELOCIRAPTOR

Menudo y veloz, con una despiadada garra en forma de hoz en el segundo dedo de cada pie, fue un depredador enormemente eficaz. Sus muñecas flexibles y sus manos con garras le permitían apoderarse de toda clase de presas de menor tamaño, que cazaba a una velocidad de hasta 60 km/h.

PERÍODO	Cretácico superior
FAMILIA	*Dromaeosauridae*
DIETA	carnívora
LONGITUD	2 m
PESO	20 kg
LOCALIZACIÓN	Asia

- 9 de mayo -

SINOVENATOR

Este trodóntido semejante a un pájaro corría a gran velocidad y veía y oía de maravilla, lo cual era muy útil para atrapar lagartos y pequeños mamíferos. Tenía el tamaño de un pollo, pero contaba con numerosos dientes serrados y ligeramente espaciados entre sí, así como con afiladas garras en forma de hoz.

PERÍODO	Cretácico inferíor
FAMILIA	*Troodontidae*
DIETA	carnívora
LONGITUD	1 m
PESO	4,5 kg
LOCALIZACIÓN	Asia

REPTILES VOLADORES

Los pterosaurios dominaban los cielos. Sin embargo, no eran pájaros, sino reptiles voladores: planeaban con sus curtidas alas y tenían largas colas con aletas en los extremos para guiarse en el aire.

- 10 de mayo -

GERMANODACTYLUS

De un tamaño similar al del cuervo, este dinosaurio fue uno de los primeros hallazgos fósiles de un pterosaurio de cola corta. Se alimentaba de pequeños caracoles y otras criaturas con concha, que era capaz de romper con sus dientes romos.

PERÍODO	Jurásico superior
FAMILIA	*Germanodactylidae*
DIETA	piscívora
ENVERGADURA	1 m
PESO	2 kg
LOCALIZACIÓN	Europa

- 11 de mayo -

TUPUXUARA

La espléndida cresta en la cabeza de este pterosaurio de cola corta habría hecho de él un animal colorido y vistoso. En tierra, caminaba sobre cuatro patas.

PERÍODO	Cretácico inferior
FAMILIA	*Thalassodromidae*
DIETA	omnívora
ENVERGADURA	6 m
PESO	23 kg
LOCALIZACIÓN	Sudamérica

- 12 de mayo -

RHAMPHORHYNCHUS

El dedo alado de este pterosaurio de cola larga quizá sea el más largo conocido hasta la fecha. Usaba el pico con la punta curvada para capturar peces, calamares e insectos.

PERÍODO	Jurásico superior
FAMILIA	*Rhamphorhynchidae*
DIETA	piscívora
ENVERGADURA	1,75 m
PESO	1 kg
LOCALIZACIÓN	Europa

PTERANODON

Este pterosaurio grande y con cresta, que surcaba los cielos del mundo antiguo, tenía el cuerpo pequeño pero una considerable envergadura. Al igual que otros pterosaurios, agitaba las alas y se deslizaba valiéndose de las corrientes de aire caliente para elevarse más y más alto. Con su pico desdentado capturaba peces, calamares y cangrejos sin necesidad de tomar tierra, aunque podía caminar sobre dos patas cuando aterrizaba.

PERÍODO	Cretácico superior
FAMILIA	*Pteranodontidae*
DIETA	piscívora
ENVERGADURA	10 m
PESO	11 kg
LOCALIZACIÓN	América del Norte, Europa, Asia

- 14 de mayo -

DSUNGARIPTERUS

Este pterosaurio de gran cabeza poseía mandíbulas curvas y una singular cresta ósea en el hocico. Caminaba por la ribera y escarbaba en busca de mejillones, caracoles y gusanos.

PERÍODO	Cretácico inferior
FAMILIA	*Dsungaripteridae*
DIETA	carnívora
ENVERGADURA	3,5 m
PESO	13,5 kg
LOCALIZACIÓN	Asia

- 15 de mayo -

ANHANGUERA

Cuando este pterosaurio con vista de águila sacaba un pez del agua, sus dientes curvos evitaban que la escurridiza presa se le resbalase de la boca. Su nombre significa 'viejo demonio'.

PERÍODO	Cretácico inferior
FAMILIA	*Anhangueridae*
DIETA	piscívora
ENVERGADURA	4,5 m
PESO	23 kg
LOCALIZACIÓN	Sudamérica, África

- 16 de mayo -

QUETZALCOATLUS

Es posible que haya sido el animal volador más grande desde que el mundo es mundo. A diferencia de la mayoría de pterosaurios, vivía en zonas interiores, alzando el vuelo con sus extensas alas por encima de lagos y pozas, alimentándose de los insectos y peces que entraban en su boca abierta a ras de agua. En tierra firme, se desplazaba sobre cuatro patas y cazaba lagartos y pequeños dinosaurios.

PERÍODO	Cretácico superior
FAMILIA	*Azhdarchidae*
DIETA	carnívora
ENVERGADURA	12 m
PESO	250 kg
LOCALIZACIÓN	América del Norte

- 17 de mayo -

MAPUSAURUS

Acostumbrado a vivir en grupos familiares y a cazar igualmente en grupo, fue un eficacísimo depredador asentado en lo que hoy es Argentina. Era capaz de reducir y someter incluso a titanosaurios más grandes, como el *Argentinosaurus* (*véase pág. 99*). El *Mapusaurus* tenía el cráneo estrecho y una mandíbula llena de finos dientes como cuchillas.

PERÍODO	Cretácico superior
FAMILIA	*Carcharodontosauridae*
DIETA	carnívora
LONGITUD	13 m
PESO	3 t
LOCALIZACIÓN	Sudamérica

- 18 de mayo -

OVIRAPTOR

Bípedo ágil y veloz que gozaba de una dieta variada, este dinosaurio tenía el pico ganchudo e incluso podía romper huesos. De manera equivocada, lleva un nombre que significa 'ladrón de huevos'. En lugar de ello, se valía de su cuerpo emplumado para incubar sus propios huevos.

PERÍODO	Cretácico superior
FAMILIA	*Oviraptoridae*
DIETA	omnívora
LONGITUD	1,5 m
PESO	35 kg
LOCALIZACIÓN	Asia

- 19 de mayo -

SCANSORIOPTERYX

Del tamaño de una paloma, el nombre de este dinosaurio con plumas y aspecto de pájaro significa 'ala trepadora'. Sus pies estaban adaptados para colgarse de las ramas y vivir en los árboles. Sus largos terceros dedos lo ayudaban a asirse al tronco mientras se desplazaba por el ramaje. Estaba acostumbrado a escarbar en busca de insectos ocultos bajo la corteza, a fin de comérselos. No sabía volar, pero sí deslizarse de rama en rama cuando la distancia no era mucha.

PERÍODO	Jurásico medio
FAMILIA	*Scansoriopterygidae*
DIETA	carnívora
LONGITUD	34 cm
PESO	200 g
LOCALIZACIÓN	Asia

- 20 de mayo -

CHIROSTENOTES

Gracias a sus largas y potentes patas, este dinosaurio era capaz de alcanzar una velocidad de hasta 60 km/h en carrera cuando perseguía reptiles y mamíferos a la fuga. También tenía segundos dedos alargados para remover la tierra en busca de larvas y ranas. Su cráneo, parecido al del loro, poseía una cresta ósea, y asimismo gozaba de un desarrollado olfato para rastrear a sus presas en el sotobosque.

PERÍODO	Jurásico superior
FAMILIA	*Caenagnathidae*
DIETA	omnívora
LONGITUD	1,5 m
PESO	100 kg
LOCALIZACIÓN	América del Norte

CON CUERNOS EN LA CARA

La mayoría de los miembros de la familia de los ceratópsidos tenían cráneos con armadura y peligrosos cuernos. Digamos que eran los rinocerontes del mundo de los dinosaurios y se defendían a las mil maravillas.

- 21 de mayo -

ANCHICERATOPS

Su volante en el cuello era bastante largo y rectangular, así como poco frecuente, con nudos óseos sobre los que se asentaban unos pinchos que apuntaban hacia atrás. Se alimentaba de plantas de las marismas.

PERÍODO	Cretácico superior
FAMILIA	*Ceratopsidae*
DIETA	herbívora
LONGITUD	5 m
PESO	2 t
LOCALIZACIÓN	América del Norte

- 22 de mayo -

EINIOSAURUS

Este ceratópsido tenía un cuerno nasal inclinado hacia abajo y huesudas crestas por encima de los ojos. Vivía en una zona árida y necesitaba dientes especiales para triturar las plantas más duras.

PERÍODO	Cretácico superior
FAMILIA	*Ceratopsidae*
DIETA	herbívora
LONGITUD	9 m
PESO	5 t
LOCALIZACIÓN	América del Norte

- 23 de mayo -

YEHUECAUHCERATOPS

Este 'rostro antiguo con cuernos' tenía un volante menudo y dos cuernos en la frente. Buscaba con su manada plantas en los marjales y terrenos inundables del actual desierto de México.

PERÍODO	Cretácico superior
FAMILIA	*Ceratopsidae*
DIETA	herbívora
LONGITUD	6 m
PESO	4 t
LOCALIZACIÓN	América del Norte

PACHYRHINOSAURUS

Su cabeza con volante y forma de escudo recubría uno de los cráneos más grandes que se conocen en un animal terrestre, de hasta 2,77 m de longitud. El grueso nudo óseo sobre la nariz probablemente tenía una finalidad de exhibición.

PERÍODO	Cretácico superior
FAMILIA	*Ceratopsidae*
DIETA	herbívora
LONGITUD	8 m
PESO	4 t
LOCALIZACIÓN	América del Norte

PENTACERATOPS

Con largos cuernos sobre los ojos, otro también largo sobre el hocico y dos más pequeños a la altura de los carrillos, este 'rostro con cinco cuernos' vivía en las zonas boscosas, en donde se cree que cortaba las hojas y frutas con el pico.

PERÍODO	Cretácico superior
FAMILIA	*Ceratopsidae*
DIETA	herbívora
LONGITUD	8 m
PESO	5 t
LOCALIZACIÓN	América del Norte

SINOCERATOPS

En el borde del volante sobre su cabeza presentaba pequeños cuernos curvados hacia delante, y tenía un gran cuerno nasal en su largo hocico. Se trata del primer ceratópsido encontrado en lo que hoy es China.

PERÍODO	Cretácico superior
FAMILIA	*Ceratopsidae*
DIETA	herbívora
LONGITUD	7 m
PESO	2 t
LOCALIZACIÓN	Asia

- 27 de mayo -

FERGANOCEPHALE

El más antiguo miembro conocido de su familia, este paquicefalosáurido era corpulento, con patas delanteras largas y la pesada cola característica de sus parientes. Empleaba el grueso cráneo como ariete (*véanse págs. 150-151*), para combatir, conseguir una pareja o hacer una demostración de fuerza en la manada.

PERÍODO	Jurásico medio
FAMILIA	*Pachycephalosauridae*
DIETA	herbívora
LONGITUD	1,2 m
PESO	90 kg
LOCALIZACIÓN	Asia

- 28 de mayo -

GILMOREOSAURUS

Dinosaurio «pico de pato» o hadrosáurido de los primeros tiempos, se han encontrado fósiles de este herbívoro en lo que hoy es el interior de Mongolia. En la Prehistoria, el área estaba cubierta por densos bosques de coníferas, arroyos y lagos. La manada de un hadrosáurido tendría a su disposición infinidad de plantas con que alimentarse.

PERÍODO	Cretácico superior
FAMILIA	*Hadrosauridae*
DIETA	herbívora
LONGITUD	8 m
PESO	1,5 t
LOCALIZACIÓN	Asia

– 29 de mayo –

CONCHORAPTOR

Este pequeño bípedo con aspecto de pájaro tenía el hocico romo y el pico largo y sólido. Era capaz de partir sin problemas las conchas de cangrejos y mejillones, que devoraba encantado. Su nombre significa 'raptor de mejillones'.

PERÍODO	Cretácico superior
FAMILIA	*Oviraptoridae*
DIETA	carnívora
LONGITUD	2 m
PESO	10 kg
LOCALIZACIÓN	Asia

– 30 de mayo –

HESPERONYCHUS

Valiéndose de sus excelentes oído y vista, este *minivelociraptor* (*véase pág. 83*) cazaba los insectos, lagartos, pequeños mamíferos y crías de dinosaurio que le gustaba comer. Fue uno de los depredadores de menor tamaño, pues no pesaba mucho más que un pollo grande.

PERÍODO	Cretácico superior
FAMILIA	*Dromaeosauridae*
DIETA	carnívora
LONGITUD	90 cm
PESO	1,8 kg
LOCALIZACIÓN	América del Norte

– 31 de mayo –

BRACHYCERATOPS

Este dinosaurio herbívoro, cuyo nombre significa 'rostro de cuernos cortos', tenía uno pequeño a la altura de la nariz y un volante de tamaño medio para protegerse. Se cree que servía de comida a los grandes carnívoros con los que cohabitaba, como el *Albertosaurus* (*véase pág. 117*).

PERÍODO	Cretácico superior
FAMILIA	*Ceratopsidae*
DIETA	herbívora
LONGITUD	4 m
PESO	80 kg
LOCALIZACIÓN	América del Norte

- 1 de junio -

SINOSAUROPTERYX

De rostro enmascarado, cola a rayas, lomo pardo y vientre
pálido, este diminuto bípedo sabía camuflarse muy bien en
las sombras cambiantes del suelo de los bosques. Protegido
por lo general de los depredadores, solía alimentarse de
los pequeños mamíferos, lagartos e insectos que cazaba.
El suyo fue el primer fósil de un dinosaurio con plumas.

PERÍODO	Cretácico inferior
FAMILIA	*Compsognathidae*
DIETA	carnívora
LONGITUD	1,25 m
PESO	2,5 kg
LOCALIZACIÓN	Asia

TITANOCERATOPS

El nombre de este dinosaurio significa 'rostro titánico con cuernos'. Es el miembro más antiguo de su familia que se conoce. Tenía un cráneo gigante de 2,65 m de largo, un gran volante, dos cuernos curvos en la frente y un cuerno a la altura de la nariz sobre su alargado hocico. Pesaba tanto como un elefante africano.

PERÍODO	Cretácico superior
FAMILIA	*Ceratopsidae*
DIETA	herbívora
LONGITUD	6,8 m
PESO	6,5 t
LOCALIZACIÓN	América del Norte

SPHAEROTHOLUS

Su reducido tamaño no evitaba que este herbívoro usase la cabeza a modo de ariete (*véanse págs.150-151*). Balanceaba su redondeado y sólido cráneo ante los depredadores o la emprendía a cabezazos contra otros machos de su familia en algún combate por el favor de una hembra.

PERÍODO	Cretácico superior
FAMILIA	*Pachycephalosauridae*
DIETA	herbívora
LONGITUD	2 m
PESO	25 kg
LOCALIZACIÓN	América del Norte

WULAGASAURUS

Este «pico de pato» herbívoro es uno de los muchos tipos de hadrosáurido que vivió en lo que hoy en día es el noreste de China. Se desplazaba junto a su grupo familiar y picoteaba frutas y hojas de arbustos y pequeños árboles.

PERÍODO	Cretácico superior
FAMILIA	*Hadrosauridae*
DIETA	herbívora
LONGITUD	9 m
PESO	3 t
LOCALIZACIÓN	Asia

ACHILLOBATOR

A semejanza de otros raptores, este astuto cazador tenía imponentes garras con forma de hoz en el segundo dedo de cada pie. Era un bípedo veloz, cazaba en manada y se abalanzaba sobre presas como el armado anquilosáurido *Talarurus*. Atacaba con las garras en forma de hoz y mordía a su presa con sus aguzados dientes con forma de sierra. Era uno de los raptores más grandes de todos.

PERÍODO	Cretácico superior
FAMILIA	*Dromaeosauridae*
DIETA	carnívora
LONGITUD	6 m
PESO	350 kg
LOCALIZACIÓN	Asia

LOS MÁS GRANDES

Los titanosáuridos son algunos de los dinosaurios más grandes de los que tenemos noticia. El nombre del grupo procede de los Titanes, los gigantes de los antiguos mitos y leyendas griegos.

- 6 de junio -
TITANOSAURUS

Los restos del *Titanosaurus*, encontrados con anterioridad, pero nombrados en 1877, fueron los primeros huesos de un dinosaurio descubiertos en India. Su largo cuello se apoyaba sobre un poderoso tronco y acababa en una cabecita.

PERÍODO	Cretácico superior
FAMILIA	*Titanosauridae*
DIETA	herbívora
LONGITUD	36 m
PESO	13 t
LOCALIZACIÓN	Asia

- 7 de junio -
MAMENCHISAURUS

Su cuello equivalía a la mitad de la longitud de su cuerpo, y sus patas traseras eran más cortas que las delanteras. Quizá usara la cola contra los enemigos.

PERÍODO	Jurásico superior
FAMILIA	*Mamenchisauridae*
DIETA	herbívora
LONGITUD	35 m
PESO	30 t
LOCALIZACIÓN	China

- 8 de junio -
ANTARCTOSAURUS

El 'lagarto del sur' usaba los dientes pinzados para cortar las hojas. Este dinosaurio no masticaba, sino que se tragaba directamente grandes cantidades de plantas y vegetales.

PERÍODO	Cretácico superior
FAMILIA	*Titanosauridae*
DIETA	herbívora
LONGITUD	30 m
PESO	25 t
LOCALIZACIÓN	Sudamérica

ARGENTINOSAURUS

El 'lagarto de Argentina' ostentó el récord del dinosaurio más grande durante muchísimos años. Se cree que tardaba unos 40 años en alcanzar el tamaño adulto, con una altura de 17 m que le permitía hacerse con las hojas de las coníferas más altas.

PERÍODO	Cretácico superior
FAMILIA	*Titanosauridae*
DIETA	herbívora
LONGITUD	40 m
PESO	100 t
LOCALIZACIÓN	Sudamérica

- 10 de junio -

SUPERSAURUS

Este dinosaurio era, de hecho, un «superreptil». Ni siquiera el *Allosaurus* (*véase pág. 117*) suponía una amenaza para él. Comía hojas y brotes de las copas más altas de los árboles.

PERÍODO	Jurásico superior
FAMILIA	*Diplodocidae*
DIETA	herbívora
LONGITUD	35 m
PESO	35 t
LOCALIZACIÓN	América del Norte

- 11 de junio -

FUTALOGNKOSAURUS

El cuello largo del 'jefe gigante' estaba compuesto por 14 vértebras y tenía más de 1 m de ancho en algunas partes. Sus púas recubiertas de piel le hacían parecer dotado de aletas de tiburón a lo largo de todo el lomo.

PERÍODO	Cretácico superior
FAMILIA	*Titanosauridae*
DIETA	herbívora
LONGITUD	28 m
PESO	70 t
LOCALIZACIÓN	Sudamérica

- 12 de junio -

ACHELOUSAURUS

Como tantos otros de su familia, este ceratópsido poseía un cráneo sólido y bien armado de hasta 1,6 m de longitud, además de impresionantes cuernos. No obstante, se trataba de un herbívoro tranquilo y gregario, que buscaba alimento mientras se desplazaba por las llanuras de su hogar. Los cuernos y el volante ahuyentaban a los depredadores y le servían asimismo para exhibirse. Puede que el volante tuviera riego sanguíneo y una tonalidad rojiza para refrescar al dinosaurio cuando le hiciera falta.

PERÍODO	Cretácico superior
FAMILIA	*Ceratopsidae*
DIETA	herbívora
LONGITUD	6 m
PESO	3 t
LOCALIZACIÓN	América del Norte

SAURORNITHOIDES

Veloz depredador con estupendos sentidos de la vista y del oído. Sus grandes ojos le permitían ver con muy poca luz y localizar con facilidad los pequeños mamíferos y reptiles que le gustaba comer. Es probable que recurriese a las manos para asir a su presa y a las garras con forma de hoz para darle muerte.

PERÍODO	Cretácico superior
FAMILIA	*Troodontidae*
DIETA	carnívora
LONGITUD	3 m
PESO	50 kg
LOCALIZACIÓN	Asia

- 14 de junio -

NQWEBASAURUS

Del tamaño de un pollo, este herbívoro vivía en lo que ahora es el sur de África. Se han hallado fósiles con gastrolitos en el estómago, piedras que engullía para digerir mejor las plantas más duras.

PERÍODO	Cretácico inferior
FAMILIA	*Ornithomimidae*
DIETA	herbívora
LONGITUD	1 m
PESO	580 g
LOCALIZACIÓN	África

- 15 de junio -

PEDOPENNA

Dinosaurio de cuatro alas que no volaba, pero que tal vez sí planease pequeñas distancias. Este carnívoro contaba con una gran zarpa en cada pie para reducir a sus presas.

PERÍODO	Jurásico medio
FAMILIA	*Anchionithidae*
DIETA	carnívora
LONGITUD	80 cm
PESO	1 kg
LOCALIZACIÓN	Asia

MAIASAURA

A finales de la década de 1970, en una zona conocida como Egg Mountain, en el estado de Montana (EE. UU.), se descubrió una asombrosa colección de nidos fósiles de *Maiasaura*. Se sabe que este dinosaurio herbívoro vivía en grandes manadas, que los nidos solo distaban 7 m entre sí y que cada uno contenía entre 30 y 40 huevos de unos 15 cm de diámetro. Tras romper el cascarón, se cree que las crías permanecían en ellos hasta un año.

PERÍODO	Cretácico superior
FAMILIA	*Hadrosauridae*
DIETA	herbívora
LONGITUD	9 m
PESO	4 t
LOCALIZACIÓN	América del Norte

CON PICO

Muchos dinosaurios distintos tenían picos de queratina, el material del que están hechos los de las actuales aves, así como las uñas, cuernos, garras y pezuñas. Les resultaban útiles para morder y comer.

- 17 de junio -

HEYUANNIA

Se han hallado restos de estos ovirraptóridos dotados de pico y sin dientes junto con huevos fósiles azules y verdes dispuestos en círculos superpuestos. Probablemente los estaría incubando.

PERÍODO	Cretácico superior
FAMILIA	*Oviraptoridae*
DIETA	omnívora
LONGITUD	1,5 m
PESO	20 kg
LOCALIZACIÓN	Asia

- 18 de junio -

LIMUSAURUS

El joven *Limusaurus* nacía con dientes, pero los iba perdiendo a medida que crecía. En su lugar se formaba un pico. Tragaba gastrolitos para ayudarse a digerir las plantas más duras.

PERÍODO	Jurásico medio
FAMILIA	*Noasauridae*
DIETA	herbívora
LONGITUD	2 m
PESO	15 kg
LOCALIZACIÓN	China

- 19 de junio -

FERRISAURUS

Este herbívoro con pico de loro tenía el tamaño de un carnero y era el alimento de grandes carnívoros, como el *Tyrannosaurus* (véase pág. 113).

PERÍODO	Cretácico superior
FAMILIA	*Leptoceratopsidae*
DIETA	herbívora
LONGITUD	1,75 m
PESO	150 kg
LOCALIZACIÓN	América del Norte

PSITTACOSAURUS

Este pequeño 'lagarto loro' presentaba unas extrañas protuberancias parecidas a cuernos a la altura de las mejillas. Usaba el pico estrecho y con forma de cuerno para cortar las hojas de las cicas, que masticaba con los dientes yugales, es decir, los de las mejillas.

PERÍODO	Cretácico inferior
FAMILIA	*Psittacosauridae*
DIETA	herbívora
LONGITUD	2 m
PESO	20 kg
LOCALIZACIÓN	Asia

AQUILOPS

Más o menos del tamaño de un gato, el cráneo con cuernos de este dinosaurio era más pequeño que la mano de un humano adulto. Tenía un pico fuerte y ganchudo con un curioso bulto extra por delante.

PERÍODO	Cretácico inferior
FAMILIA	*Ceratopsidae*
DIETA	herbívora
LONGITUD	60 cm
PESO	1,6 kg
LOCALIZACIÓN	América del Norte

CHILESAURUS

Misteriosamente, el cuerpo y las manos prensiles de este dinosaurio eran muy parecidos a los de los depredadores carnívoros de su misma época. Sin embargo, también contaba con un pico pequeño y las mandíbulas y dientes de un herbívoro.

PERÍODO	Jurásico superior
FAMILIA	primeros sauropodomorfos
DIETA	herbívora
LONGITUD	3,2 m
PESO	100 kg
LOCALIZACIÓN	Sudamérica

- 23 de junio -

AVACERATOPS

Este pequeño herbívoro con cuernos en la cara probablemente fuera un pariente primitivo del *Triceratops* (*véase pág. 188*). Como aquel, el *Avaceratops* tenía un volante no muy grande en el cuello compuesto de un hueso sin fenestras. Se movía en manada y se alimentaba de helechos, cicas y coníferas de poca altura.

PERÍODO	Cretácico superior
FAMILIA	*Ceratopsidae*
DIETA	herbívora
LONGITUD	4,2 m
PESO	2 t
LOCALIZACIÓN	América del Norte

- 24 de junio -

DROMICEIOMIMUS

De huesos huecos y ligero de peso, este dinosaurio con aspecto de emú -su nombre significa 'imitador de emús'- podía correr a gran velocidad, ¡podía alcanzar los 80 km/h en explosivas arrancadas! Tenía los ojos grandes y buena vista, por lo que era capaz de detectar entre arbustos y matorrales los pequeños insectos, lagartos y mamíferos que le gustaba comer. Probablemente se alimentaba de ginkgo y frutos de palma, y de las piñas que encontraba.

PERÍODO	Cretácico superior
FAMILIA	*Ornithomimidae*
DIETA	omnívora
LONGITUD	3,5 m
PESO	100 kg
LOCALIZACIÓN	América del Norte

KILESKUS

A pesar de no ser un dinosaurio grande, lo compensaba con sus dotes de eficiente depredador. Se trata de uno de los primeros tiranosauroides conocidos, con menos de la mitad del tamaño del *Tyrannosaurus* (*véase pág. 113*). El *Kileskus* deambulaba por los bosques de lo que en la actualidad es el oeste de Siberia, en Rusia, en donde salía a la caza de mamíferos y otras pequeñas presas. Los depredadores, incluidos los grandes alosaurios y megalosaurios, eran un riesgo que debía evitar a toda costa.

PERÍODO	Jurásico medio
FAMILIA	*Proceratosauridae*
DIETA	carnívora
LONGITUD	5,2 m
PESO	700 kg
LOCALIZACIÓN	Asia

- 26 de junio -

HAPLOCHEIRUS

Sobre sus largas patas, este gran alvarezsauroideo primitivo era capaz de moverse con rapidez para capturar los pequeños animales que solía degustar. Tenía dientes afilados y manos tridáctilas en garra para capturar a sus escurridizas presas. Sus rasgos aviares –plumas y manos con garras– precedieron a otros dinosaurios plumados en millones de años.

PERÍODO	Jurásico superior
FAMILIA	*Alvarezsauridae*
DIETA	carnívora
LONGITUD	2 m
PESO	20 kg
LOCALIZACIÓN	Asia

- 27 de junio -

ANABISETIA

Este herbívoro se alimentaba a cuatro patas y se desplazaba en manada a través de bosques tropicales situados en los actuales parajes desérticos de Sudamérica. Era uno de los dinosaurios más pequeños de la zona y compartía el territorio con los carnívoros y herbívoros más grandes que hayan existido jamás.

PERÍODO	Cretácico superior
FAMILIA	*Hypsilophodontidae*
DIETA	herbívora
LONGITUD	2 m
PESO	20 kg
LOCALIZACIÓN	Sudamérica

- 28 de junio -

CHINDESAURUS

Este terópodo primitivo fue uno de los más veloces de su tiempo. Se movía rápido sobre sus largas patas para atrapar a sus presas y huir de grandes reptiles, como el *Saurosuchus*. Cazaba pequeños mamíferos, lagartos y jóvenes dinosaurios del Triásico. Su nombre procede de *chindi*, del navajo, que significa 'fantasma'.

PERÍODO	Triásico superior
FAMILIA	*Herrerasauridae*
DIETA	carnívora
LONGITUD	2,3 m
PESO	50 kg
LOCALIZACIÓN	América del Norte

FUKUIRAPTOR

Este pequeño alosaurio es el fósil terópodo más completo encontrado en lo que hoy en día es Japón. Tan temible como otros miembros de su familia, puede que cazara en grupo, acechando a su presa con sus largas patas y usando las enormes garras y los dientes en forma de sierra para infligirle daños y matarlo. Su nombre significa 'ladrón de Fukui'.

PERÍODO	Cretácico inferior
FAMILIA	*Megaraptoridae*
DIETA	carnívora
LONGITUD	4,5 m
PESO	175 kg
LOCALIZACIÓN	Asia

- 30 de junio -

GOBIVENATOR

Los trodóntidos como el *Gobivenator* eran depredadores pequeños, rápidos y ágiles, cuya cola suponía la mayor parte de su longitud total. Además, tenían zarpas en las manos y unas temibles garras con forma de hoz en los pies. Es posible que el *Gobivenator* –'cazador del desierto de Gobi'– viviera y cazara en grupo, y que persiguiese pequeños animales y algunas veces crías de dinosaurio.

PERÍODO	Cretácico superior
FAMILIA	*Troodontidae*
DIETA	carnívora
LONGITUD	1,6 m
PESO	1 kg
LOCALIZACIÓN	Asia

Julio

- 1 de julio -

AMPHICOELIAS

Acostumbrado a moverse con paso lento por los valles en busca de plantas que comer, este saurópodo era grande y tenía el cuello largo y una cola como un látigo. Podía alcanzar las hojas de las copas más elevadas de los árboles o bien revolver con la cabeza los helechos a poca altura, en busca de un sabroso aperitivo.

PERÍODO	Jurásico superior
FAMILIA	*Diplodocidae*
DIETA	herbívora
LONGITUD	25 m
PESO	45 t
LOCALIZACIÓN	América del Norte

CORYTHORAPTOR

Este dinosaurio con aspecto de pájaro se parecía mucho al actual casuario, pues lucía un casco en la cabeza. Otros miembros de la familia tenían asimismo cascos de formas diversas. El *Corythoraptor* vivía en un medio cálido y seco, comía la vegetación resistente a la sequía, frutos secos y semillas, y complementaba su dieta con pequeños lagartos y mamíferos.

PERÍODO	Cretácico superior
FAMILIA	*Oviraptoridae*
DIETA	omnívora
LONGITUD	2 m
PESO	75 kg
LOCALIZACIÓN	Asia

BRACHYLOPHOSAURUS

Su nombre significa 'lagarto de cresta corta', en alusión a la singular cresta ósea de este hadrosáurido, que consistía en un escudo plano en la parte superior del cráneo. Comparado con otros dinosaurios «pico de pato», tenía la cabeza bastante pequeña, un ancho pico con cuerno y un par de patas delanteras excepcionalmente largas.

PERÍODO	Cretácico superior
FAMILIA	*Hadrosauridae*
DIETA	herbívora
LONGITUD	11 m
PESO	7 t
LOCALIZACIÓN	América del Norte

- 4 de julio -

TYRANNOSAURUS

Posiblemente el dinosaurio más famoso de todos, este gran depredador tenía una cabeza enorme con unas mandíbulas de 1,2 m de largo. Su excelente olfato le ayudaba a localizar a sus presas, vivas o muertas, de las cuales desgarraba trozos de carne con sus largos dientes de 30 cm. Después las deglutía enteras, pues no podía masticar. No le costaría demasiado esfuerzo acabar con un gran *Edmontosaurus* (*véanse págs. 54-55*).

PERÍODO	Cretácico superior
FAMILIA	*Tyrannosauridae*
DIETA	carnívora
LONGITUD	12,5 m
PESO	9 t
LOCALIZACIÓN	América del Norte

- 5 de julio -

HUEHUECANAUHTLUS

Con el significado de 'antiguo pato', el largo nombre de este hadrosáurido proviene de un dialecto azteca. Se han hallado fósiles suyos en el actual oeste de México, los cuales revelan que tenía altos pinchos por todo el espinazo, dando lugar a un lomo curvo. Al igual que otros miembros de su familia, era gregario.

PERÍODO | Cretácico superior
FAMILIA | *Hadrosauridae*
DIETA | herbívora
LONGITUD | 6 m
PESO | 1,5 t
LOCALIZACIÓN | América del Norte

- 6 de julio -

MONOCLONIUS

Su colosal cabeza quedaba próxima al suelo mientras buscaba plantas que triturar con unos dientes que equivaldrían a molares y premolares. Su corto hocico terminaba en un pico desdentado y en un único y afilado cuerno nasal con el que se protegía de los depredadores. Es probable que el volante, usado para el cortejo, fuera más grande en los machos.

PERÍODO | Cretácico superior
FAMILIA | *Ceratopsidae*
DIETA | herbívora
LONGITUD | 5 m
PESO | 2 t
LOCALIZACIÓN | América del Norte

SAHALIYANIA

Este hadrosáurido vivió a finales del Cretácico en lo que hoy es el noreste de China. Fue un «pico de pato» crestado que caminaba sobre cuatro patas, capaz de erguirse sobre dos de ellas para alcanzar las hojas más suculentas. Podía emitir sonidos profundos y potentes haciendo pasar el aire por su cresta, con el fin de advertir de un peligro, comunicarse con la manada o atraer a una pareja.

PERÍODO	Cretácico superior
FAMILIA	*Hadrosauridae*
DIETA	herbívora
LONGITUD	8 m
PESO	2,2 t
LOCALIZACIÓN	Asia

- 8 de julio -

SAURORNITHOLESTES

Ágil cazador con garras con forma de hoz en los pies, este pequeño terópodo pertenecía a una feroz familia. Es probable que cazase en grupo, matando a otros dinosaurios de similar tamaño, además de a mamíferos y lagartos. Se sabe que uno de ellos capturó a un *Quetzalcoatlus* (véanse págs. 86-87).

PERÍODO	Cretácico superior
FAMILIA	*Dromaeosauridae*
DIETA	carnívora
LONGITUD	1,8 m
PESO	10 kg
LOCALIZACIÓN	América del Norte

CARNÍVOROS

Los dinosaurios carnívoros se valían de sus largas y poderosas patas para correr rápido tras su veloz presa. Además, recurrían a sus grandes garras y fuertes mandíbulas, con una amplia y temible hilera de dientes, para hacerse con ella.

- 9 de julio -

THANATOTHERISTES

Este exitoso depredador hacía honor a su nombre: 'segador de la muerte'. Se trata del tiranosáurido más antiguo de la parte más septentrional de América del Norte, y depredaba dinosaurios como el *Xenoceratops* (*véase pág. 31*).

PERÍODO	Cretácico superior
FAMILIA	*Tyrannosauridae*
DIETA	carnívora
LONGITUD	8 m
PESO	2 t
LOCALIZACIÓN	América del Norte

- 10 de julio -

EODROMAEUS

Este 'corredor del alba' es uno de los primeros carnívoros encontrados hasta el momento. Tenía dientes afilados y curvos para devorar a su presa, aunque él mismo constituía un apetitoso bocado para los reptiles de entonces, que se parecían a los caimanes actuales.

PERÍODO	Triásico superior
FAMILIA	primeros terópodos
DIETA	carnívora
LONGITUD	1,2 m
PESO	5 kg
LOCALIZACIÓN	Sudamérica

- 11 de julio -

HAGRYPHUS

Dinosaurio con forma de pájaro, el *Hagryphus* comía lo que encontraba en los terrenos inundables, turberas y ciénagas donde vivía. Su dieta incluía plantas y vegetales, pequeños vertebrados y huevos.

PERÍODO	Cretácico superior
FAMILIA	*Caenagnathidae*
DIETA	omnívora
LONGITUD	3 m
PESO	60 kg
LOCALIZACIÓN	América del Norte

- 12 de julio -

ALBERTOSAURUS

Con más dientes que los tiranosáuridos más grandes -tenía más de 60-, este depredador roía con facilidad a sus presas, los hadrosáuridos, hasta los mismos huesos.

PERÍODO	Cretácico superior
FAMILIA	*Tyrannosauridae*
DIETA	carnívora
LONGITUD	10 m
PESO	2,4 t
LOCALIZACIÓN	América del Norte

- 13 de julio -

YANGCHUANOSAURUS

Este vigoroso cazador -quizá en grupo-, tenía una cola de más o menos la mitad de su longitud. Su cráneo grande pero ligero albergaba unos dientes afilados con forma de sierra, que usaba para acabar con la vida de saurópodos como el *Mamenchisaurus* (*véase pág. 98*).

PERÍODO	Jurásico medio
FAMILIA	*Metriacanthosauridae*
DIETA	carnívora
LONGITUD	11 m
PESO	3 t
LOCALIZACIÓN	Asia

- 14 de julio -

ALLOSAURUS

Este exitoso y solitario cazador y carroñero era gigantesco. Puede que corriendo no alcanzase una velocidad superior a los 30 km/h, de modo que algunas de sus presas, las más ágiles y veloces, podían burlarlo.

PERÍODO	Jurásico superior
FAMILIA	*Allosauridae*
DIETA	carnívora
LONGITUD	12 m
PESO	2,5 t
LOCALIZACIÓN	Europa, América del Norte

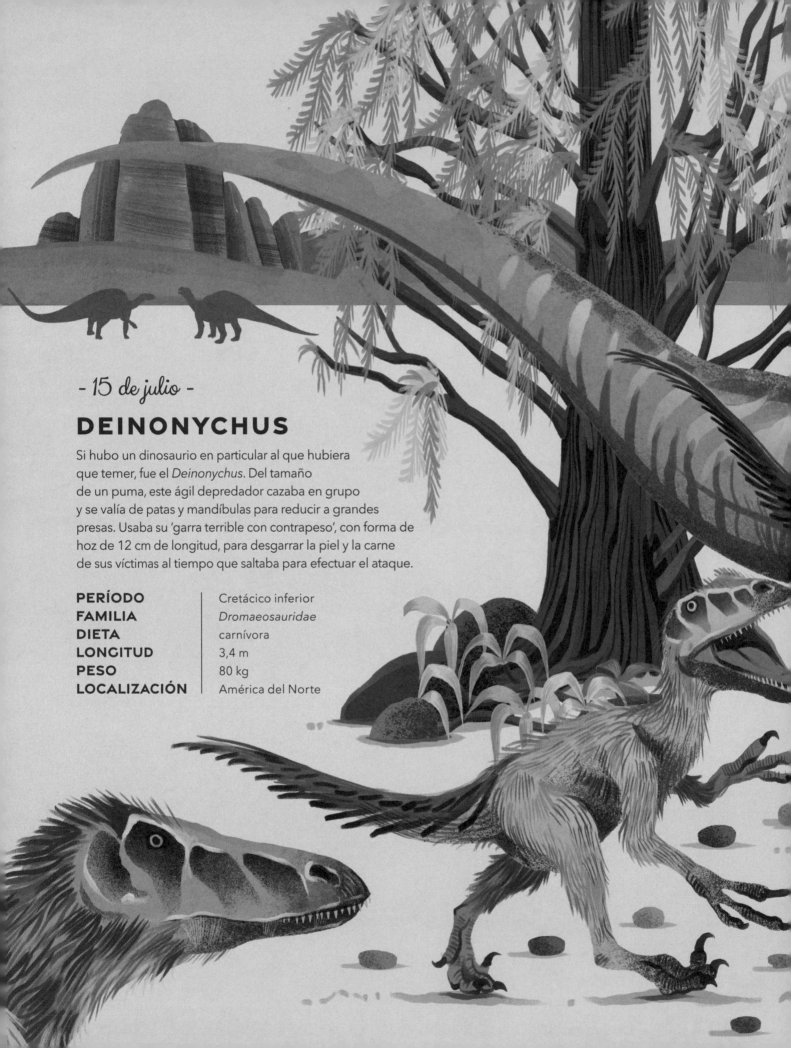

- *15 de julio* -

DEINONYCHUS

Si hubo un dinosaurio en particular al que hubiera
que temer, fue el *Deinonychus*. Del tamaño
de un puma, este ágil depredador cazaba en grupo
y se valía de patas y mandíbulas para reducir a grandes
presas. Usaba su 'garra terrible con contrapeso', con forma de
hoz de 12 cm de longitud, para desgarrar la piel y la carne
de sus víctimas al tiempo que saltaba para efectuar el ataque.

PERÍODO	Cretácico inferior
FAMILIA	*Dromaeosauridae*
DIETA	carnívora
LONGITUD	3,4 m
PESO	80 kg
LOCALIZACIÓN	América del Norte

- 16 de julio -

TENONTOSAURUS

Con una larga cola rígida que medía más de la mitad de su longitud total, este herbívoro tenía el cuello flexible y un pico con cuerno para roer las hojas que le gustaba comer. El hecho de desplazarse en manada otorgaba a este pacífico dinosaurio una cierta protección, aunque por desgracia no corría lo suficiente para escapar de un grupo de *Deinonychus*.

PERÍODO	Cretácico inferior
FAMILIA	*Hypsilophodontidae*
DIETA	herbívora
LONGITUD	8 m
PESO	2 t
LOCALIZACIÓN	América del Norte

- 17 de julio -

RINCHENIA

Se han encontrado restos de este dinosaurio en Mongolia. En un primer momento, se le confundió con un *Oviraptor* (*véase pág. 88*) por su similar tamaño y su alta cresta redondeada. Más tarde, se identificó al *Rinchenia* como un género, o rama, diferente pero próxima a la familia.

PERÍODO	Cretácico superior
FAMILIA	*Oviraptoridae*
DIETA	omnívora
LONGITUD	2,5 m
PESO	135 kg
LOCALIZACIÓN	Asia

- 18 de julio -

HUNGAROSAURUS

Anquilosauriano de tamaño medio, este dinosaurio contaba con una armadura ósea a lo largo de la columna y con una serie de flancos salientes para protegerse de un ataque. Vivía en terrenos inundables, por donde se desplazaba entre la vegetación a ras de suelo.

PERÍODO	Cretácico superior
FAMILIA	*Nodosauridae*
DIETA	herbívora
LONGITUD	4 m
PESO	650 kg
LOCALIZACIÓN	Europa

AUSTRORAPTOR

Pese a ser uno de los más grandes de su familia, el *Austroraptor* tenía los brazos relativamente pequeños. Su estrecho cráneo estaba lleno de dientes, no tanto en forma de sierra como cónica. Con ellos se cree que agarraba a sus presas, tales como pequeños animales, peces y pterosaurios. Este 'saqueador del sur' probablemente también se alimentara de carroña.

PERÍODO	Cretácico superior
FAMILIA	*Dromaeosauridae*
DIETA	carnívora
LONGITUD	6 m
PESO	350 kg
LOCALIZACIÓN	Sudamérica

LANZHOUSAURUS

El maxilar inferior, o mandíbula, de este 'lagarto de Lanzhou' tenía más de 1 m de longitud. Sus rechinadores dientes, situados al fondo de la boca, son de los más grandes hallados en un herbívoro hasta la fecha. Tal vez se deba a que se alimentaba de un tipo determinado de planta.

PERÍODO	Cretácico inferior
FAMILIA	*Iguanodontidae*
DIETA	herbívora
LONGITUD	10 m
PESO	6 t
LOCALIZACIÓN	Asia

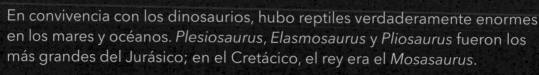

REPTILES MARINOS

En convivencia con los dinosaurios, hubo reptiles verdaderamente enormes en los mares y océanos. *Plesiosaurus*, *Elasmosaurus* y *Pliosaurus* fueron los más grandes del Jurásico; en el Cretácico, el rey era el *Mosasaurus*.

- 21 de julio -

KRONOSAURUS

Con el cuerpo aerodinámico, la cabeza grande y el cuello corto, este dinosaurio era un voraz depredador. ¡Incluso devoraba a otros miembros más pequeños de su propia familia!

PERÍODO	Cretácico inferior
FAMILIA	*Pliosauridae*
DIETA	piscívora
LONGITUD	11 m
PESO	20 t
LOCALIZACIÓN	Australia, Sudamérica

- 22 de julio -

PLIOSAURUS

Capturaba sobre todo calamares, amonites y peces con sus grandes dientes de hasta 30 cm. El *Pliosaurus* también era capaz de derribar al *Plesiosaurus* y al *Ichthyosaurus*.

PERÍODO	Jurásico medio
FAMILIA	*Pliosauridae*
DIETA	piscívora
LONGITUD	13 m
PESO	27 t
LOCALIZACIÓN	Europa

- 23 de julio -

PLESIOSAURUS

Este reptil, que empleaba las aletas como timón y freno, se propulsaba por el agua detrás de peces, calamares y otras criaturas marinas. Se tragaba enteras a sus presas.

PERÍODO	Jurásico inferior
FAMILIA	*Plesiosauridae*
DIETA	piscívora
LONGITUD	4,5 m
PESO	500 kg
LOCALIZACIÓN	Europa

MOSASAURUS

Este reptil, la más mortífera de todas las criaturas marinas, está emparentado con el dragón de Komodo actual (que vive en tierra). El *Mosasaurus* comía tiburones, peces y otros ejemplares de su misma especie, y robaba pterosaurios desde el aire. Una articulación extra en mitad de la mandíbula le permitía tragarse enteras a sus presas.

PERÍODO	Cretácico superior
FAMILIA	*Mosasauridae*
DIETA	piscívora
LONGITUD	17 m
PESO	30 t
LOCALIZACIÓN	Europa, América del Norte

TEMNODONTOSAURUS

Este gran ictiosaurio de aguas profundas tenía unos ojos enormes, de 20 cm de diámetro cada uno. Al bucear, quedaban protegidos por finas capas óseas llamadas 'membranas escleróticas'.

PERÍODO	Jurásico superior
FAMILIA	*Temnodontosauridae*
DIETA	piscívora
LONGITUD	12 m
PESO	7 t
LOCALIZACIÓN	Europa

ELASMOSAURUS

Una cabeza pequeñita remataba el que quizá fuera el cuello más largo de un animal: ¡tenía más de 70 vértebras! Su técnica de depredación seguramente consistía en tender emboscadas a pequeños peces.

PERÍODO	Cretácico superior
FAMILIA	*Elasmosauridae*
DIETA	piscívora
LONGITUD	15 m
PESO	9 t
LOCALIZACIÓN	América del Norte, Asia

- 27 de julio -

TONGTIANLONG

Este dinosaurio con plumas tenía el pico afilado y sin dientes y la cabeza redondeada y coronada por una cresta ósea. La finalidad de dicha cresta era atraer a una pareja y ahuyentar a los rivales.

PERÍODO	Cretácico superior
FAMILIA	*Oviraptoridae*
DIETA	omnívora
LONGITUD	2,5 m
PESO	300 kg
LOCALIZACIÓN	Asia

- 28 de julio -

QIAOWANLONG

Sus pesados hombros y patas delanteras soportaban el cuello de 6 m de largo con el que este titanosauriforme alcanzaba las hojas que luego se comía. Vivía en los bosques de la actual China.

PERÍODO	Cretácico inferior
FAMILIA	*Euhelopodidae*
DIETA	herbívora
LONGITUD	12 m
PESO	9 t
LOCALIZACIÓN	Asia

- 29 de julio -

ANKYLOSAURUS

Con una estructura de tanque y un garrote de 50 kg al final de la cola, este dinosaurio armado era capaz de partir los dientes o la cabeza de la mayor parte de depredadores.

PERÍODO	Cretácico superíor
FAMILIA	*Ankylosauridae*
DIETA	herbívora
LONGITUD	10 m
PESO	4 t
LOCALIZACIÓN	América del Norte

DICRAEOSAURUS

Las largas espinas que desde el mismo cuello cubrían el lomo de este herbívoro pudieron funcionar como arma de defensa, dificultando que depredadores como el *Megalosaurus* (*véase pág. 57*) lo mordiesen.

PERÍODO	Jurásico superior
FAMILIA	*Dicraeosauridae*
DIETA	herbívora
LONGITUD	14 m
PESO	5 t
LOCALIZACIÓN	África

- 31 de julio -

BAHARIASAURUS

A pesar de no ser el depredador más grande de su hábitat, este colosal carnívoro era un fiero cazador de dinosaurios más pequeños y otros animales. Corría veloz, pero quizá no sobreviviese a la persecución de un *Carcharodontosaurus* (*véase pág. 68*) en lo que hoy es Egipto.

PERÍODO	Cretácico superior
FAMILIA	*Bahariasauridae*
DIETA	carnívora
LONGITUD	12 m
PESO	4 t
LOCALIZACIÓN	África

- *1 de agosto* -

ALETOPELTA

El nombre de este anquilosáurido significa 'escudo andante', puesto que iba muy bien protegido. Las placas de armadura en la espalda, los dos grandes pinchos sobre los hombros, otros en los costados y un pesado basto en la cola habrían acobardado a un buen número de depredadores. Dentro de su familia, tenía un tamaño medio y dientes en forma de hoja para cortar las plantas que comía.

PERÍODO	Cretácico superior
FAMILIA	*Ankylosauridae*
DIETA	herbívora
LONGITUD	6 m
PESO	2 t
LOCALIZACIÓN	América del Norte

TURANOCERATOPS

Valiéndose del pico para deshojar las flores y de sus sólidas mandíbulas para triturar la vegetación más espesa, este 'rostro con cuernos' masticaba helechos, cicas y coníferas. Con dos cuernos en la frente, pero ninguno en la nariz, se trata del primer ceratópsido del que existe registro en Asia, cuando sus restos se encontraron en el actual Uzbekistán.

PERÍODO	Cretácico superior
FAMILIA	*Ceratopsidae*
DIETA	herbívora
LONGITUD	2 m
PESO	175 kg
LOCALIZACIÓN	Asia

ABRICTOSAURUS

Este bípedo era un miembro primigenio de su familia, y lo mismo cazaba pequeños animales que comía carroña. Seguramente también escarbaba en busca de raíces y cortaba las plantas con el pico en el extremo de la boca. Vivía en la región que hoy comprende el sur de África.

PERÍODO	Jurásico inferior
FAMILIA	*Heterodontosauridae*
DIETA	omnívora
LONGITUD	1,2 m
PESO	45 kg
LOCALIZACIÓN	África

- 4 de agosto -

XIAOSAURUS

Ligero y rápido sobre sus dos patas de cuatro dedos cada una, su nombre significa 'lagarto del alba'. Vivía en grandes grupos familiares que merodeaban por los bosques en busca de arbustos que comer mientras evitaba ser pasto de los depredadores.

PERÍODO	Jurásico medio
FAMILIA	*Fabrosauridae*
DIETA	herbívora
LONGITUD	1,2 m
PESO	7 kg
LOCALIZACIÓN	Asia

- 5 de agosto -

NOTHRONYCHUS

Raro de ver, el *Nothronychus* tenía la cabeza pequeña, el cuello largo y fino y los brazos terminados en unas manos de afiladas garras. Usaba el pico y los dientes con forma de hoja para hacer jirones la vegetación de la selva tropical en que vivía. Estaba emparentado con los tiranosaurios, si bien esta rama de la familia era herbívora.

PERÍODO	Cretácico superior
FAMILIA	*Therizinosauridae*
DIETA	herbívora
LONGITUD	6 m
PESO	1,2 t
LOCALIZACIÓN	América del Norte

- 6 de agosto -

ACRISTAVUS

Al contrario que la mayoría de hadrosáuridos (*véanse págs. 50-51*), este dinosaurio no tenía un elaborado tocado –su nombre significa 'abuelo sin cresta'–. Vivía en las proximidades de los ríos y lagos de terrenos inundables del Mar Interior Occidental de la actual América del Norte.

PERÍODO	Cretácico superior
FAMILIA	*Hadrosauridae*
DIETA	herbívora
LONGITUD	8,5 m
PESO	2 t
LOCALIZACIÓN	América del Norte

- *7 de agosto* -

HOMALOCEPHALE

Como otros paquicefalosaurios, este dinosaurio tenía una cabeza contundente para combatir a cabezazos o golpear a un atacante como forma de defensa (*véanse págs. 150-151*). Gracias a sus grandes ojos podía detectar el peligro, y las patas largas lo ayudaban a huir a toda velocidad. Se alimentaba principalmente de hojas y semillas, que su grupo familiar encontraba en los bosques en latitudes altas que cubrían el actual desierto de Mongolia.

PERÍODO	Cretácico superior
FAMILIA	*Homalocephalidae*
DIETA	herbívora
LONGITUD	3 m
PESO	200 kg
LOCALIZACIÓN	Asia

- *8 de agosto* -

SUCHOSAURUS

Su nombre significa 'lagarto cocodrilo', pues al hallar sus fósiles se le confundió con un cocodrilo. Su hocico y sus numerosos dientes afilados le servían para capturar peces en los deltas de los ríos. También comía carroña y cazaba pequeños animales terrestres.

PERÍODO	Cretácico inferior
FAMILIA	*Spinosauridae*
DIETA	piscívora
LONGITUD	9 m
PESO	2 t
LOCALIZACIÓN	Europa

TETHYSHADROS

Este dinosaurio «pico de pato» es uno de los fósiles más completos descubiertos hasta la fecha. Vivía en una pequeña isla en medio del mar de Tetis, el océano prehistórico que separaba las actuales África y Europa. Este hadrosáurido es más pequeño que la mayoría de los miembros de su familia, probablemente debido a que la vegetación comestible de la isla era limitada.

PERÍODO	Cretácico superior
FAMILIA	*Hadrosauridae*
DIETA	herbívora
LONGITUD	4 m
PESO	350 kg
LOCALIZACIÓN	Europa

CON PLUMAS

Muchos dinosaurios sin vinculación con los pájaros estaban cubiertos, parcial o totalmente, por estructuras similares a las plumas. En la mayoría de los casos eran terópodos, los dinosaurios carnívoros.

- 10 de agosto -

SINORNITHOSAURUS

Este pequeño 'pájaro-lagarto chino' fue uno de los primeros dinosaurios con plumas que se descubrieron. Aunque no sabía volar, sí daba saltos de gran precisión entre rama y rama en busca de pequeños animales.

PERÍODO	Cretácico inferior
FAMILIA	*Dromaeosauridae*
DIETA	carnívora
LONGITUD	1,2 m
PESO	9 kg
LOCALIZACIÓN	Asia

- 11 de agosto -

KULINDADROMEUS

Herbívoro plumado con patas largas de los primeros tiempos, tenía más o menos el tamaño de un pavo. Vivía en tierras de lagos y volcanes de lo que hoy es Siberia.

PERÍODO	Jurásico medio
FAMILIA	primeros saurópodos
DIETA	herbívora
LONGITUD	1,5 m
PESO	14 kg
LOCALIZACIÓN	Asia

- 12 de agosto -

CAIHONG

Este dinosaurio con tamaño de cuervo poseía plumas iridiscentes –su nombre se traduce como 'arcoíris con una gran cresta'–. Se desplazaba sigiloso por los bosques sobre cuatro patas aladas, al acecho de mamíferos, lagartos e insectos.

PERÍODO	Jurásico superior
FAMILIA	*Anchiornithidae*
DIETA	carnívora
LONGITUD	40 cm
PESO	475 g
LOCALIZACIÓN	Asia

- 13 de agosto -

ANCHIORNIS

Con su despampanante cresta de plumas, este dinosaurio del tamaño de un pollo no solía pasar inadvertido. A pesar de tener alas parecidas a las de las aves modernas, no volaba.

PERÍODO	Jurásico superior
FAMILIA	*Anchiornithidae*
DIETA	carnívora
LONGITUD	40 cm
PESO	200 g
LOCALIZACIÓN	Asia

- 14 de agosto -

TIANYURAPTOR

Aunque bastante ágil con los pies y veloz a la hora de perseguir a los pequeños animales que constituían sus presas, este dromaeosáurido de tamaño medio no era capaz de planear a la manera de otros miembros de su misma familia. Su nombre significa 'ladrón de Tianyu'.

PERÍODO	Cretácico inferior
FAMILIA	*Dromaeosauridae*
DIETA	carnívora
LONGITUD	1,6 m
PESO	4 kg
LOCALIZACIÓN	Asia

- 15 de agosto -

XIAOTINGIA

Este dinosaurio del tamaño de una paloma, con sus plumas, espoleta y largos brazos, quizás fuese uno de los primeros ejemplos de ave, aunque esto es algo sobre lo que todavía hoy debate la comunidad científica.

PERÍODO	Jurásico superior
FAMILIA	*Anchiornithidae*
DIETA	insectívora
LONGITUD	0,5 m
PESO	1,5 kg
LOCALIZACIÓN	Asia

- 16 de agosto -

ARCHAEOPTERYX

En el Jurásico, lo que en actualidad es Alemania lo formaba una serie de islas rodeadas de mares poco profundos y lagunas costeras. Ahí vivía el *Archaeopteryx*, puede que el antepasado conocido más antiguo de los pájaros actuales. Podía planear y usaba las tres garras de cada ala para trepar a los árboles y escapar del peligro, o para cazar pequeñas presas.

PERÍODO	Jurásico superior
FAMILIA	*Archaeopterygidae*
DIETA	omnívora
LONGITUD	50 cm
PESO	2 kg
LOCALIZACIÓN	Europa

- 17 de agosto -

WELLNHOFERIA

Íntimamente emparentado con el *Archaeopteryx*,
este dinosaurio era algo más grande y tenía la cola
más pequeña, parecida a la de las aves modernas.
Vivía en los bosques y sus aledaños, así como
en las lagunas costeras de la Europa occidental,
donde cazaba insectos y pequeños animales.

PERÍODO	Jurásico superior
FAMILIA	*Archaeopterygidae*
DIETA	omnívora
LONGITUD	60 cm
PESO	1,5 kg
LOCALIZACIÓN	Europa

CHARONOSAURUS

Este dinosaurio usaba su enorme cresta hueca, curvada hacia atrás desde lo alto del cráneo, para producir sonoras y potentes llamadas. Para ello, tomaba aire, que pasaba por sus cavidades igual que si fuera un instrumento musical de viento. Recurrían a estas llamadas para advertir de un peligro, atraer y defender a una pareja o simplemente comunicarse con otros dinosaurios de la manada.

PERÍODO	Cretácico superior
FAMILIA	*Hadrosauridae*
DIETA	herbívora
LONGITUD	13 m
PESO	6,5 t
LOCALIZACIÓN	Asia

- 19 de agosto -

FABROSAURUS

Este diminuto y ligero herbívoro de los primeros tiempos vivía en manada. Tenía el pico cubierto por un cuerno y dientes menudos y afilados. Se movía con rapidez sobre dos patas para escapar de los depredadores.

PERÍODO	Jurásico inferior
FAMILIA	*Fabrosauridae*
DIETA	herbívora
LONGITUD	1 m
PESO	38 kg
LOCALIZACIÓN	África

GASOSAURUS

Una empresa gasística china fue la que encontró los restos fósiles de este dinosaurio, a raíz de lo cual se le denominó 'lagarto del gas'. Poseía unas garras atroces, grandes mandíbulas con dientes afilados y cola rígida y puntiaguda, que se cree que agitaba como si fuera un látigo.

PERÍODO	Jurásico medio
FAMILIA	primeros terópodos
DIETA	carnívora
LONGITUD	4 m
PESO	250 kg
LOCALIZACIÓN	Asia

LYTHRONAX

Este terópodo, el tiranosáurido más antiguo del que tenemos constancia hasta la fecha, tenía el cráneo ancho para así contener unos poderosísimos músculos mandibulares. Sus ojos estaban orientados completamente hacia adelante, como los de un águila o una serpiente actual. Esto lo ayudaba a localizar presas como hadrosaurios o anquilosaurios, a las que luego hacía añicos con sus grandes dientes curvos.

PERÍODO	Cretácico superior
FAMILIA	*Tyrannosauridae*
DIETA	carnívora
LONGITUD	8 m
PESO	2,5 t
LOCALIZACIÓN	América del Norte

AEPYORNITHOMIMUS

Este terópodo que vivía en áreas desérticas y ventosas era un veloz cazador plumado de lagartos, iguanas y eslizones. No sabía volar, pero empleaba las «alas» para comunicarse o exhibirse.

PERÍODO	Cretácico superior
FAMILIA	*Ornithomimidae*
DIETA	herbívora
LONGITUD	1 m
PESO	130 kg
LOCALIZACIÓN	Asia

- 23 de agosto -

CHASMOSAURUS

El alargado volante de este ceratópsido podía enrojecerse gracias al flujo de sangre, que permitía al dinosaurio refrescarse. Fue un herbívoro de tamaño medio que viajaba en compañía de grandes manadas como estrategia de protección.

PERÍODO	Cretácico superior
FAMILIA	*Ceratopsidae*
DIETA	herbívora
LONGITUD	5,5 m
PESO	2,5 t
LOCALIZACIÓN	América del Norte

- 24 de agosto -

TOROSAURUS

Se cree que este herbívoro usaba los impresionantes cuernos de la frente para defenderse en caso de que un tiranosaurio amenazara a sus crías o familiares. El suyo es uno de los cráneos más grandes que se han visto en un animal terrestre.

PERÍODO	Cretácico superior
FAMILIA	*Ceratopsidae*
DIETA	herbívora
LONGITUD	9 m
PESO	6 t
LOCALIZACIÓN	América del Norte

DELAPPARENTIA

Este iguanodóntido, que se desplazaba junto a su manada
entre las masas forestales, marismas y marjales de lo que en la
actualidad es España, se alimentaba de arbustos y matorrales.
Usaba los pinchos de sus enormes pulgares para repeler los
ataques de depredadores como el *Baryonyx* (*véase pág. 196*).

PERÍODO	Cretácico inferior
FAMILIA	*Iguanodontidae*
DIETA	herbívora
LONGITUD	10 m
PESO	3,5 t
LOCALIZACIÓN	Europa

PEQUEÑOS GREGARIOS

Los dinosaurios pequeños solían vivir en manada. Así podían comer, poner huevos y recorrer grandes distancias relativamente a salvo de los depredadores.

- 26 de agosto -

HYPSILOPHODON

Este bípedo de movimientos rápidos vivía en planicies arboladas y zonas litorales en el actual sur de Inglaterra, en donde viajaba junto a su manada o grandes grupos familiares.

PERÍODO	Cretácico inferior
FAMILIA	primeros ornitópodos
DIETA	herbívora
LONGITUD	3 m
PESO	24 kg
LOCALIZACIÓN	Europa

- 27 de agosto -

OTHNIELOSAURUS

Era frecuente ver a pequeños grupos de este 'lagarto enano' durante el Jurásico superior deambular por la región central de la actual América del Norte.

PERÍODO	Jurásico superior
FAMILIA	*Nanosauridae*
DIETA	herbívora
LONGITUD	2 m
PESO	10 kg
LOCALIZACIÓN	América del Norte

- 28 de agosto -

QANTASSAURUS

Era bípedo, veloz y de largas patas. Así llamado en alusión a las líneas aéreas australianas Qantas, este herbívoro viajaba en pequeñas manadas y posiblemente pasaba los fríos meses invernales en una madriguera.

PERÍODO	Cretácico inferior
FAMILIA	primeros iguanodontes
DIETA	herbívora
LONGITUD	2 m
PESO	45 kg
LOCALIZACIÓN	Australia

GASPARINISAURA

Fue uno de los primeros miembros de su familia que se desenterraron en lo que hoy en día es Argentina. Se comprobó que este pequeño gregario ingería gastrolitos para moler la vegetación más dura que comía.

PERÍODO	Cretácico superior
FAMILIA	primeros iguanodontes
DIETA	herbívora
LONGITUD	1,5 m
PESO	35 kg
LOCALIZACIÓN	Sudamérica

DRYOSAURUS

Cazado por grandes terópodos como el *Allosaurus* (*véase pág. 117*), el *Dryosaurus* y su manada debían moverse con rapidez en el corazón de los bosques y en las planicies donde vivían.

PERÍODO	Jurásico superior
FAMILIA	*Dryosauridae*
DIETA	herbívora
LONGITUD	4 m
PESO	90 kg
LOCALIZACIÓN	África, América del Norte

PARKSOSAURUS

Para una mayor protección de la manada, este dinosaurio era capaz de percibir sonidos de baja frecuencia y gozaba de una visión excelente; ambos sentidos lo ayudaban a detectar la proximidad de un depredador.

PERÍODO	Cretácico superior
FAMILIA	*Parksosauridae*
DIETA	herbívora
LONGITUD	2,5 m
PESO	50 kg
LOCALIZACIÓN	América del Norte

Septiembre

- 1 de septiembre -

ACROTHOLUS

Un casco alto y redondeado de hueso sólido
de más de 10 cm de grosor coronaba el
cráneo de este bípedo del tamaño de un
perro. Es uno de los primeros miembros
conocidos de su familia de dinosaurios con
cabeza ósea. Salía en manada a pastar musgo
y helechos de los bosques del Canadá actual.

PERÍODO	Cretácico superior
FAMILIA	*Pachycephalosauridae*
DIETA	herbívora
LONGITUD	1,8 m
PESO	40 kg
LOCALIZACIÓN	América del Norte

AFROVENATOR

Con largas y recias patas y una cola rígida como contrapeso, este 'cazador africano' se desplazaba con rapidez a la caza de saurópodos. Sus poderosos brazos terminaban en unos dedos con garras, y su boca tenía dientes como cuchillas de hasta 5 cm de largo.

PERÍODO	Jurásico medio
FAMILIA	*Megalosauridae*
DIETA	carnívora
LONGITUD	8 m
PESO	1,2 t
LOCALIZACIÓN	África

- 3 de septiembre -

IRRITATOR

El largo cráneo con rasgos de cocodrilo de este espinosáurido era perfecto para pescar en los deltas de los ríos en donde vivía. También se alimentaba de carroña durante su estancia en tierra, y capturaba asimismo pterosaurios.

PERÍODO	Cretácico inferior
FAMILIA	*Spinosauridae*
DIETA	carnívora
LONGITUD	8 m
PESO	2 t
LOCALIZACIÓN	Sudamérica

- 4 de septiembre -

MAGNOSAURUS

Este depredador de tamaño medio corría a gran velocidad sobre dos patas a la caza de presas pequeñas. Como otros miembros de su familia, también comía carroña.

PERÍODO	Jurásico medio
FAMILIA	*Megalosauridae*
DIETA	carnívora
LONGITUD	4 m
PESO	500 kg
LOCALIZACIÓN	Europa

- 5 de septiembre -

DREADNOUGHTUS

Con un peso equivalente al de seis elefantes africanos, este titanosaurio tenía un cuello de 11 m y una cola de 9 m. Debía comer sin parar para almacenar la energía que necesitaba su cuerpo, y vivía en los bosques templados de lo que hoy en día es la punta de Sudamérica.

PERÍODO	Cretácico superior
FAMILIA	*Diplodocidae*
DIETA	herbívora
LONGITUD	26 m
PESO	36 t
LOCALIZACIÓN	Sudamérica

LAGARTOS CUBIERTOS

Los estegosáuridos herbívoros tenían grandes placas óseas a lo largo del lomo, quizá para ahuyentar a los depredadores o reconocerse entre ellos. *Stegosaurus* significa en griego 'lagarto cubierto' o 'lagarto con tejado'.

- 6 de septiembre -
ADRATIKLIT

Fue el primer dinosaurio con armadura que se encontró en Marruecos y puede que se trate del estegosáurido más antiguo a nivel mundial. El nombre de este herbívoro está tomado del léxico bereber y significa 'lagarto de montaña'.

PERÍODO	Jurásico medio
FAMILIA	*Stegosauridae*
DIETA	herbívora
LONGITUD	9 m
PESO	4 t
LOCALIZACIÓN	África

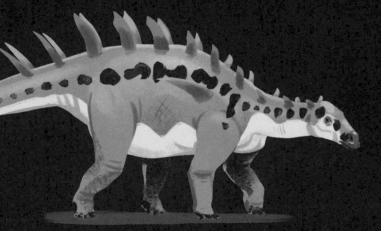

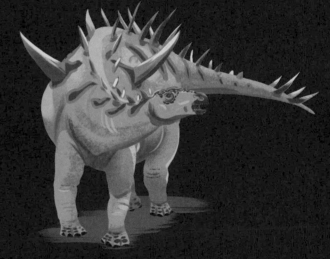

- 7 de septiembre -
PARANTHODON

Fue el primer dinosaurio africano que se descubrió. Sus restos se hallaron en Sudáfrica en 1845. Tenía pinchos de extremo a extremo, desde el cuello hasta la punta de la cola.

PERÍODO	Cretácico inferior
FAMILIA	*Stegosauridae*
DIETA	herbívora
LONGITUD	5 m
PESO	2 t
LOCALIZACIÓN	África

- 8 de septiembre -
HUAYANGOSAURUS

Este estegosáurido primigenio se diferencia de sus parientes posteriores en que tenía 14 dientes en la parte delantera del hocico. Su armadura de púas y las espinas a la altura de los hombros le servían para protegerse de los depredadores.

PERÍODO	Jurásico medio
FAMILIA	*Huayangosauridae*
DIETA	herbívora
LONGITUD	4,5 m
PESO	850 kg
LOCALIZACIÓN	Asia

HESPEROSAURUS

Este dinosaurio armado tenía otra técnica de defensa. Se cree que balanceaba con gran eficiencia la cola a modo de arma contra fieros depredadores, como el *Ceratosaurus* (*véase pág. 19*).

PERÍODO	Jurásico superior
FAMILIA	*Stegosauridae*
DIETA	herbívora
LONGITUD	6 m
PESO	2,5 t
LOCALIZACIÓN	América del Norte

GIGANTSPINOSAURUS

Los enormes pinchos en los hombros hacían que este estegosáurido relativamente pequeño no pasase desapercibido. Tal vez fueran elementos tanto de exhibición como de defensa.

PERÍODO	Jurásico superior
FAMILIA	*Stegosauridae*
DIETA	herbívora
LONGITUD	4,5 m
PESO	225 kg
LOCALIZACIÓN	Asia

DACENTRURUS

El *Dacentrurus* fue un dinosaurio de constitución pesada, con pinchos a diestro y siniestro. El de la cola tenía afilados y cortantes bordes por delante y por detrás, por lo cual se cree que provocaba graves daños a cualquiera que osara enfrentarse a él.

PERÍODO	Jurásico superior
FAMILIA	*Stegosauridae*
DIETA	herbívora
LONGITUD	8 m
PESO	5 t
LOCALIZACIÓN	Europa

FOSTEROVENATOR

Este ceratosáurido cohabitaba con algunos terópodos más grandes
y verdaderamente temibles, como el *Torvosaurus (véase pág. 60)* y el
Allosaurus (véase pág. 117), y se cree que recurría a su velocidad para
eludir el peligro. Sin embargo, quizá también sacaba tajada de ellos,
pues comía la carroña que estos dejaban tras acabar con sus presas.

PERÍODO	Jurásico superior
FAMILIA	*Ceratosauridae*
DIETA	carnívora
LONGITUD	2,5 m
PESO	200 kg
LOCALIZACIÓN	América del Norte

OLOROTITAN

La cresta con una inusual forma de abanico de este
hadrosáurido tenía vivos colores para atraer a una
pareja sexual. Era hueca, para permitirle reproducir
la especie de ululatos con que se comunicaba con la
manada. Su nombre se traduce como 'cisne gigante',
ya que contaba con 18 vértebras en el cuello, tres
más que cualquier otro hadrosáurido.

PERÍODO	Cretácico superior
FAMILIA	*Hadrosauridae*
DIETA	herbívora
LONGITUD	12 m
PESO	4,5 t
LOCALIZACIÓN	Asia

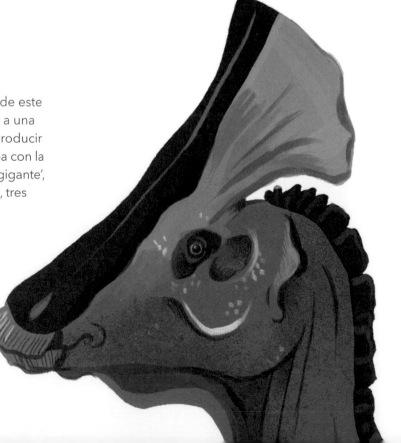

MANIDENS

Este omnívoro con tamaño de paloma poseía unos dientes similares a colmillos tanto en la parte de arriba del pico como en la de abajo. Los dedos de los pies eran inusitadamente largos y acababan en garras curvas y estrechas, muy parecidas a las de los pájaros modernos. Podía trepar a los árboles y se trataría del ejemplo más antiguo hasta la fecha de un dinosaurio capaz de algo así.

PERÍODO	Jurásico medio
FAMILIA	*Heterodontosauridae*
DIETA	omnívora
LONGITUD	75 cm
PESO	10 kg
LOCALIZACIÓN	Sudamérica

JEHOLOSAURUS

Valiéndose de su aguda vista y de su buen oído para captar las señales de peligro, el *Jeholosaurus* era rápido y ágil frente a los depredadores. Comía principalmente las plantas que podía arrancar con los dientes yugales. No obstante, con sus potentes paletas también pudo alimentarse de pequeños animales o de carroña.

PERÍODO	Cretácico inferior
FAMILIA	*Parksosauridae*
DIETA	herbívora
LONGITUD	2 m
PESO	150 kg
LOCALIZACIÓN	Asia

- 16 de septiembre -

PACHYCEPHALOSAURUS

Dos 'lagartos de cabeza gruesa' libran un duelo a cabezazos por una hembra, un comportamiento similar al de los bueyes almizcleros de hoy en día durante la época de celo. Sea como fuere, el *Pachycephalosaurus* se mostraba cordial en las demás estaciones del año y solía alimentarse de arbustos con flor y helechos en las ciénagas de bosques subtropicales.

PERÍODO	Cretácico superior
FAMILIA	*Pachycephalosauridae*
DIETA	herbívora
LONGITUD	4,5 m
PESO	450 kg
LOCALIZACIÓN	América del Norte

- 17 de septiembre -

APATORAPTOR

Con largas patas para atravesar ríos y correr, este
dinosaurio deambulaba por las marismas tropicales en
busca de crustáceos, peces y anfibios, su comida preferida.
Aunque no podía volar, probablemente usaba las alas y los
bracitos para lucirse en su puesta en escena.

PERÍODO	Cretácico superior
FAMILIA	*Caenagnathidae*
DIETA	omnívora
LONGITUD	2 m
PESO	180 kg
LOCALIZACIÓN	América del Norte

SPINOPS

Este 'rostro con pinchos' tenía un gran cuerno nasal y otros dos en la frente, además de dos largos pinchos en lo más alto del volante y, de manera inusual, dos ganchos curvados hacia adelante en el centro. Era primo del *Triceratops* (*véase pág. 188*) y un miembro de su familia de tamaño mediano. Vivía en manada en los bosques de lo que hoy es Canadá, en donde buscaba plantas que comer.

PERÍODO	Cretácico superior
FAMILIA	*Ceratopsidae*
DIETA	herbívora
LONGITUD	7 m
PESO	2 t
LOCALIZACIÓN	América del Norte

- 19 de septiembre -

TRINISAURA

Se han hallado fósiles de este herbívoro menudo y ágil en la actual isla James Ross, en la Antártida. En la época en que vivió había cambios de estación y un clima lluvioso.

PERÍODO	Cretácico superior
FAMILIA	primeros saurópodos
DIETA	herbívora
LONGITUD	3 m
PESO	20 kg
LOCALIZACIÓN	Antártida

- 20 de septiembre -

GOBISAURUS

Este anquilosáurido primitivo no tenía un garrote en el extremo de la cola como los miembros más tardíos de su familia. Su armadura corporal pudo protegerle de grandes depredadores, como el *Shaochilong*.

PERÍODO	Cretácico inferior
FAMILIA	*Ankylosauridae*
DIETA	herbívora
LONGITUD	6 m
PESO	800 kg
LOCALIZACIÓN	Asia

PRIMEROS PÁJAROS

Las primeras aves surgieron de los dinosaurios terópodos en el Jurásico (*véanse págs. 134-135*). Pero en el Cretácico apareció una amplia gama de pájaros que aprendieron a volar cada vez mejor.

- 21 de septiembre -
IBEROMESORNIS

Del tamaño de un gorrión, este pájaro tenía una cola corta y ósea, pero con largas plumas. Los pies estaban correctamente adaptados para colgarse de las ramas en su hábitat, que se encontraba en lo que ahora es la península ibérica.

PERÍODO	Cretácico inferior
FAMILIA	*Iberomesornithidae*
DIETA	insectívora
ENVERGADURA	20 cm
PESO	20 g
LOCALIZACIÓN	Europa

- 22 de septiembre -
HESPERORNIS

Buceador grande y piscívoro de diminutas alas y piernas cercanas a la cola, en tierra el *Hesperornis* andaba a trompicones. Por el contrario, en el agua era un depredador ágil y veloz.

PERÍODO	Cretácico superior
FAMILIA	*Hesperornithidae*
DIETA	piscívora
ENVERGADURA	1,8 m
PESO	9 kg
LOCALIZACIÓN	América del Norte, Europa

- 23 de septiembre -
ICHTHYORNIS

Este 'pájaro pez' tenía un aspecto similar al de algunas aves marinas actuales, aunque con un pico lleno de dientes afilados, como sus ancestros. Podía mantenerse en el aire durante largos períodos, sobrevolando el mar

PERÍODO	Cretácico superior
FAMILIA	*Ichthyornithidae*
DIETA	piscívora
ENVERGADURA	60 cm
PESO	400 g
LOCALIZACIÓN	América del Norte

- 24 de septiembre -
CRATOAVIS

Este colorido pájaro cantor revoloteaba de uno a otro árbol en los bosques tropicales localizados en el actual Brasil. Su reciente descubrimiento supuso el primer hallazgo en Sudamérica de un esqueleto completo de un ave del Cretácico inferior.

PERÍODO	Cretácico inferior
FAMILIA	*Enantiornithes*
DIETA	insectívora
ENVERGADURA	10 cm
PESO	4 g
LOCALIZACIÓN	Sudamérica

- 25 de septiembre -
YANORNIS

Este potente volador de grandes alas probablemente se alimentase a base de peces diversos, que capturaba mientras buscaba comida en los bajíos. Los gastrolitos en el estómago se encargaban de triturarlo todo.

PERÍODO	Cretácico inferior
FAMILIA	*Songlingornithidae*
DIETA	piscívora
ENVERGADURA	80 cm
PESO	850 g
LOCALIZACIÓN	Asia

- 26 de septiembre -
GANSUS

Este pájaro con tamaño de paloma se valía de unos pies palmeados para propulsarse por ríos y lagos, en donde sumergía la cabeza o el cuerpo entero a fin de encontrar peces y caracoles que comer.

PERÍODO	Cretácico superior
FAMILIA	primeros *Ornithurae*
DIETA	piscívora
ENVERGADURA	40 cm
PESO	110 g
LOCALIZACIÓN	Asia

LUANCHUANRAPTOR

Pequeño dinosaurio de apariencia aviar, este 'ladrón de Luanchuan' confiaba en su velocidad y en las garras con forma de hoz de los pies para defenderse de los depredadores en los terrenos inundables por donde vagabundeaba. Cazaba pequeños animales y quizá también pescaba. A semejanza de otros miembros de su familia, como el *Velociraptor* (*véase pág. 83*), es probable que también cazase en grupo para derribar a dinosaurios de mayor tamaño.

PERÍODO	Cretácico superior
FAMILIA	*Dromaeosauridae*
DIETA	carnívora
LONGITUD	3 m
PESO	4,5 kg
LOCALIZACIÓN	Asia

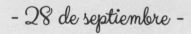

- 28 de septiembre -

SHUVUUIA

Más o menos del tamaño de un pavo, el *Shuvuuia* tenía los brazos cortos, cada uno de ellos terminado en una única garra grande con forma de gancho, y otros dos dedos pequeños. La garra podía usarla para espantar a un depredador, pero por lo general la empleaba para abrir la corteza de un árbol o hurgar en un hormiguero en busca de insectos que comer con su puntiagudo pico, lleno de minúsculos dientes. Era veloz, lo cual lo ayudaba a escapar de dinosaurios más grandes con los que compartía entorno.

PERÍODO	Cretácico superior
FAMILIA	*Alvarezsauridae*
DIETA	insectívora
LONGITUD	1 m
PESO	2,5 kg
LOCALIZACIÓN	Asia

- 29 de septiembre -

LAQUINTASAURA

Del tamaño de un zorro rojo, este dinosaurio de los primeros tiempos comía plantas, pesaba poco y corría rápido. Se han encontrado fósiles en un depósito de huesos en lo que hoy en día es el oeste de Venezuela, lo cual probaría que el *Laquintasaura* vivía en manada.

PERÍODO	Jurásico inferior
FAMILIA	primeros *Thyreophora*
DIETA	herbívora
LONGITUD	1 m
PESO	5 kg
LOCALIZACIÓN	Sudamérica

- 30 de septiembre -

APPALACHIOSAURUS

Acostumbrado a vivir en frondosos bosques tropicales, este tiranosauroideo fue probablemente un depredador experimentado en la técnica de la emboscada, es decir, se quedaba esperando hasta poder abalanzarse sobre su presa. Se ha encontrado el fósil de un ejemplar joven con las marcas resultantes de un mordisco del cocodrilo gigante *Deinosuchus*, ¡aunque el hueso había sanado, por lo que se cree que escapó de su agresor!

PERÍODO	Cretácico superior
FAMILIA	*Tyrannosauridae*
DIETA	carnívora
LONGITUD	10 m
PESO	2 t
LOCALIZACIÓN	América del Norte

- *1 de octubre* -

TALENKAUEN

Uno de los primeros iguanodontes descubiertos hasta el momento, el *Talenkauen* -su nombre significa 'pequeña calavera'- vivía en lo que hoy es Argentina. Para su tamaño, tenía el cuello largo y, a diferencia de otros parientes suyos posteriores, unos pequeños dientes en la punta del pico con los que cortar las sabrosas hojas.

PERÍODO	Cretácico superior
FAMILIA	primeros iguanodontes
DIETA	herbívora
LONGITUD	4 m
PESO	65 kg
LOCALIZACIÓN	Sudamérica

XIXIANYKUS

Con sus patas de 25 cm de longitud, este pequeño terópodo era un eficiente «correcaminos». Corría más rápido que la mayoría de los depredadores, tanto por los bosques como por las planicies a cielo abierto en que vivía. Sus brazos cortos y fuertes terminaban en unas voluminosas garras de las que se valía para escarbar en busca de insectos.

PERÍODO	Cretácico superior
FAMILIA	*Alvarezsauridae*
DIETA	insectívora
LONGITUD	50 cm
PESO	500 g
LOCALIZACIÓN	Asia

GOYOCEPHALE

A este dinosaurio probablemente le bastaba con enseñar sus largos y afilados dientes en la parte posterior de cada mandíbula para ahuyentar a la mayor parte de sus atacantes. Si eso no funcionaba, con su reforzado cráneo podría batirse a cabezazos con el depredador.

PERÍODO	Cretácico superior
FAMILIA	*Pachycephalosauridae*
DIETA	herbívora
LONGITUD	2 m
PESO	40 kg
LOCALIZACIÓN	Asia

RATIVATES

Se han encontrado restos fósiles de este terópodo con aspecto de avestruz en el actual Canadá. Corría a gran velocidad sobre unas potentes piernas, a la caza de pequeños animales e insectos que se tragaba de un solo bocado, puesto que su picuda boca carecía de dientes. A su vez, era el alimento de grandes carnívoros como el *Gorgosaurus* (*véase pág. 37*).

PERÍODO	Cretácico superior
FAMILIA	*Ornithomimidae*
DIETA	omnívora
LONGITUD	3,5 m
PESO	95 kg
LOCALIZACIÓN	América del Norte

- 5 de octubre -

CHANGYURAPTOR

Este dromaeosáurido de cuatro alas poseía la cola con las plumas más largas encontradas hasta la fecha. Tenía el tamaño de un águila, con las alas traseras sobre las patas. Veloz y habilidoso, se le daba bien alzar rápido el vuelo para cazar insectos y otras presas en los bosques.

PERÍODO	Cretácico inferior
FAMILIA	*Dromaeosauridae*
DIETA	carnívora
LONGITUD	1,3 m
ENVERGADURA	6,5 m
PESO	4 kg
LOCALIZACIÓN	Asia

BARSBOLDIA

Su gran nariz permitía a este hadrosáurido informar de un peligro a la manada con profundos y guturales rugidos. Al igual que otros «picos de pato», usaba cientos de piezas dentales en las mejillas, que se iban reemplazando continuamente para triturar la vegetación, su sustento. Es el único miembro conocido de su familia que se ha descubierto en Asia.

PERÍODO	Cretácico superior
FAMILIA	*Hadrosauridae*
DIETA	herbívora
LONGITUD	10 m
PESO	3,5 t
LOCALIZACIÓN	Asia

- 7 de octubre -

FALCARIUS

De movimientos lentos, igual que un gigantesco perezoso terrestre, se trata de uno de los primeros miembros conocidos de su familia. Entre 2001 y 2005, en el estado de Utah (EE. UU.), se hallaron dos enormes cementerios de huesos con cientos de fósiles de esta especie. Los dinosaurios habrían muerto a causa de una súbita catástrofe, posiblemente envenenados por los gases tóxicos emanados de algún foco volcánico.

PERÍODO	Cretácico inferior
FAMILIA	*Therizinosauridae*
DIETA	omnívora
LONGITUD	4 m
PESO	300 kg
LOCALIZACIÓN	América del Norte

SIATS

Vivía en la costa del Mar Interior Occidental, entre los actuales territorios de México y Canadá. Era lento, pero corría en pequeñas arrancadas para apresar saurópodos y tiranosáuridos. También comía carroña. Para la tribu india norteamericana de los ute, un Siat es un monstruo mítico que devora humanos.

PERÍODO	Cretácico superior
FAMILIA	*Neovenatoridae*
DIETA	carnívora
LONGITUD	13 m
PESO	5 t
LOCALIZACIÓN	América del Norte

DE CABEZA ÓSEA

Los paquicefalosáuridos toman su nombre de las cabezas duras, muy huesudas, algunas con más de 20 cm de grosor. Combatían a cabezazos para conseguir a las hembras (*véanse págs. 150-151*) o para ahuyentar a los depredadores.

- 9 de octubre -

COLEPIOCEPHALE

Este pequeño bípedo fue uno de los primeros de su familia. Del mismo modo que en otros tipos de paquicefalosáuridos, la singular forma de su cabeza ayudaba a que sus semejantes lo reconocieran.

PERÍODO	Cretácico superior
FAMILIA	*Pachycephalosauridae*
DIETA	herbívora
LONGITUD	1,8 m
PESO	32 kg
LOCALIZACIÓN	América del Norte

- 10 de octubre -

HANSSUESIA

La parte alta de su grueso cráneo (domo) era redonda y ancha y, como en otros de su mismo género, aumentaba al envejecer. El domo de los machos era más grande que el de las hembras.

PERÍODO	Cretácico superior
FAMILIA	*Pachycephalosauridae*
DIETA	herbívora
LONGITUD	2 m
PESO	50 kg
LOCALIZACIÓN	América del Norte

- 11 de octubre -

STEGOCERAS

Con las extremidades anteriores cortas y una larga y rígida cola, mantenía la cabeza y el cuello paralelos al suelo cuando corría. Era de constitución ligera y su cráneo, bordeado de nudos, alcanzaba los 8 cm de grosor.

PERÍODO	Cretácico superior
FAMILIA	*Pachycephalosauridae*
DIETA	herbívora
LONGITUD	2 m
PESO	50 kg
LOCALIZACIÓN	América del Norte

- 12 de octubre -
TEXACEPHALE

Llamado 'cabeza de Texas' en referencia al estado norteamericano en donde se hallaron sus restos, este herbívoro gregario se alimentaba de plantas y semillas de los marjales costeros en que vivía.

PERÍODO	Cretácico superior
FAMILIA	*Pachycephalosauridae*
DIETA	herbívora
LONGITUD	2 m
PESO	45 kg
LOCALIZACIÓN	América del Norte

- 13 de octubre -
STYGIMOLOCH

Fue uno de los más grandes de su familia y tenía una de las cabezas más extrañas de todas. Los huesudos pinchos se prolongaban hasta los 10 cm y pudieron servirle para impresionar a las hembras o ayudar a defenderse de otros machos. Su nombre significa 'demonio infernal con cuernos'.

PERÍODO	Cretácico superior
FAMILIA	*Pachycephalosauridae*
DIETA	herbívora
LONGITUD	3,5 m
PESO	80 kg
LOCALIZACIÓN	América del Norte

- 14 de octubre -
PRENOCEPHALE

Aunque la mayoría de los paquicefalosáuridos se encontraron en América del Norte, el cráneo bien conservado de un *Prenocephale* se halló en Mongolia. Este animal gregario que se alimentaba de frutas y hojas tenía una especie de cordón nudoso de hueso en torno al borde de su cabeza redondeada.

PERÍODO	Cretácico superior
FAMILIA	*Pachycephalosauridae*
DIETA	herbívora
LONGITUD	1,7 m
PESO	50 kg
LOCALIZACIÓN	Asia

- 15 de octubre -

ANTARCTOPELTA

Se trata del primer dinosaurio con armadura que se sabe que vivió en la densa, extensa y húmeda masa forestal que hoy es la gélida Antártida. Estaba bien protegido por la armadura del lomo y los costados, así como por unos imponentes pinchos.

PERÍODO	Cretácico superior
FAMILIA	*Nodosauridae*
DIETA	herbívora
LONGITUD	4 m
PESO	1,2 t
LOCALIZACIÓN	Antártida

- 16 de octubre -

NASUTOCERATOPS

Con una gran nariz y los cuernos más largos de su familia, este dinosaurio se movía en manada. Vivía en las marismas de una isla-continente llamada Laramidia, hoy parte de América del Norte.

PERÍODO	Cretácico superior
FAMILIA	*Ceratopsidae*
DIETA	herbívora
LONGITUD	5 m
PESO	2,5 t
LOCALIZACIÓN	América del Norte

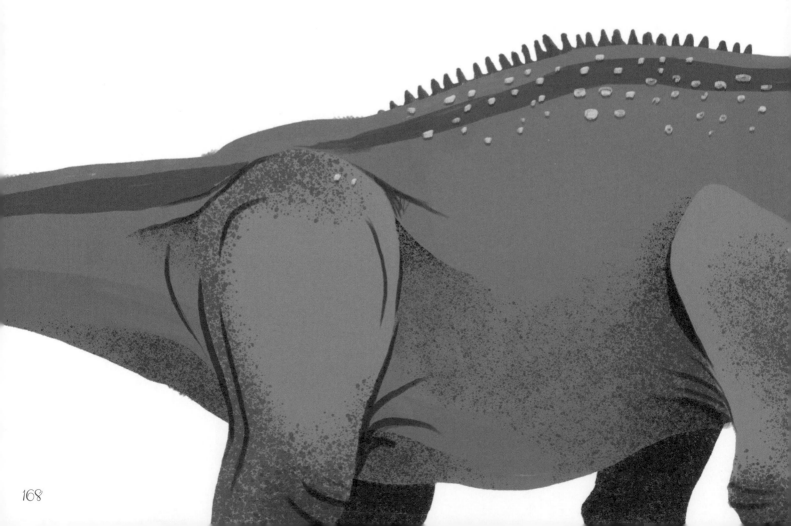

- 17 de octubre -

HEXINLUSAURUS

Este dinosaurio se desplazaba en grandes manadas a través de frondosos bosques y junto a los anchos ríos de su hábitat, en lo que hoy en día es China. Se alimentaba de vegetación baja gracias a su pequeña y picuda boca; masticaba la comida con unos dientes situados en las mejillas. Era pequeño pero rápido, y podía correr a toda velocidad si sentía el acecho de un depredador como el *Gasosaurus* (*véase pág. 137*).

PERÍODO	Jurásico medio
FAMILIA	primeros ornistiquios
DIETA	herbívora
LONGITUD	1,8 m
PESO	20 kg
LOCALIZACIÓN	Asia

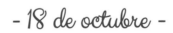

- 18 de octubre -

DIAMANTINASAURUS

Los fósiles de este titanosaurio son los más completos de un saurópodo encontrados en Australia hasta la fecha. Su sólido cuerpo servía de apoyo a un cuello largo con una cabecita menuda en su extremo. Vivía en las planicies fluviales subtropicales, en donde llovía sin cesar y proliferaban árboles y plantas, como coníferas, ginkgos y helechos, su alimento preferido.

PERÍODO	Cretácico superior
FAMILIA	*Saltasauridae*
DIETA	herbívora
LONGITUD	16 m
PESO	20 t
LOCALIZACIÓN	Australia

- 19 de octubre -

JIANGXISAURUS

Este ovirraptórido era un terópodo pequeño y con plumas, de cráneo reducido y estrecho y apabullantes mandíbulas sin dientes con las que trituraba moluscos y plantas de tallo duro, su comida preferida. Tenía manos prensiles y tridáctilas con garras largas y curvas.

PERÍODO	Cretácico superior
FAMILIA	*Oviraptoridae*
DIETA	omnívora
LONGITUD	2 m
PESO	60 kg
LOCALIZACIÓN	Asia

- 20 de octubre -

SCIPIONYX

Pequeño pero raudo cazador, se cree que el *Scipionyx* comía cualquier cosa que lograse capturar, incluidos insectos, lagartos y peces. También era veloz, pues debía burlar a reptiles semejantes a cocodrilos y a otros dinosaurios de mayor tamaño.

PERÍODO	Cretácico inferior
FAMILIA	*Compsognathidae*
DIETA	carnívora
LONGITUD	2 m
PESO	60 kg
LOCALIZACIÓN	Europa

- 21 de octubre -

NANYANGOSAURUS

De condición gregaria, este dinosaurio «pico de pato» de los primeros tiempos usaba su picudo hocico para alimentarse de la vegetación a ras de suelo, y sus dos patas para alcanzar las hojas altas y sabrosas. Se han hallado miles de huevos fósiles de *Nanyangosaurus* en lo que hoy es la China central.

PERÍODO	Cretácico inferior
FAMILIA	*Hadrosauridae*
DIETA	herbívora
LONGITUD	5 m
PESO	1,3 t
LOCALIZACIÓN	Asia

- 22 de octubre -

GEMINIRAPTOR

Pariente de poco peso de raptores como el *Deinonychus* (*véanse págs. 118-119*), este trodóntido poseía una cabeza pequeña con un cerebro relativamente grande. Sus grandes ojos y sus afiladas mandíbulas le servían para cazar pequeñas presas. Tenía una mandíbula ósea y hueca poco habitual con la que quizá articulase sonidos.

PERÍODO	Cretácico inferior
FAMILIA	*Troodontidae*
DIETA	carnívora
LONGITUD	1,5 m
PESO	9 kg
LOCALIZACIÓN	América del Norte

- 23 de octubre -

WULONG

Con una cola el doble de larga que el resto de su cuerpo y un rostro estrecho y lleno de afilados dientes, a nadie sorprenderá que el nombre de este pequeño raptor del tamaño de un cuervo se traduzca como 'dragón danzante'. El *Wulong* no sabía volar, pero sí planear de árbol en árbol en los bosques donde vivía.

PERÍODO	Cretácico inferior
FAMILIA	*Dromaeosauridae*
DIETA	carnívora
LONGITUD	75 cm
PESO	6 kg
LOCALIZACIÓN	Asia

- 24 de octubre -

PISANOSAURUS

Se han encontrado fósiles de este pequeño animal en la actual Argentina. Se trata de uno de los dinosaurios herbívoros más antiguos descubiertos por el momento. Al contrario que sus descendientes, era ligero y andaba sobre dos patas. Tenía los dientes bien juntos, para alimentarse de la vegetación blanda y a poca altura.

PERÍODO	Triásico superior
FAMILIA	*Pisanosauridae*
DIETA	herbívora
LONGITUD	1 m
PESO	9 kg
LOCALIZACIÓN	Sudamérica

- 25 de octubre -

ACANTHOPHOLIS

Este lento cuadrúpedo con la cintura baja estaba bien protegido por las sólidas placas de su cabeza, cuello, lomo y cola, aunque no disponía de garrote al final de ella, como sí sucedía con otros anquilosaurios. Se alimentaba de las plantas de bosques de lo que hoy es el oeste de Europa.

PERÍODO	Cretácico superior
FAMILIA	*Nodosauridae*
DIETA	herbívora
LONGITUD	5,5 m
PESO	2,7 t
LOCALIZACIÓN	Europa

TIRANOSAURIOS TIRANOS

Los miembros primitivos de esta familia eran pequeños carnívoros del Jurásico superior, pero sus descendientes crecieron para dominar el Cretácico con algunas de las criaturas más feroces que hayan existido.

- 26 de octubre -

ALIORAMUS

Su fantástico olfato servía a este 'lagarto terrorífico' para localizar a los saurópodos o hadrosaurios que comía, o la carroña esparcida por los terrenos inundables de su hábitat.

PERÍODO	Cretácico superior
FAMILIA	*Tyrannosauridae*
DIETA	carnívora
LONGITUD	6 m
PESO	370 kg
LOCALIZACIÓN	Asia

- 27 de octubre -

DASPLETOSAURUS

Este terrorífico dinosaurio de pesada osamenta tenía los dientes más grandes encontrados en un tiranosáurido. Eran curvos y serrados, para rebanar el interior del hueso. Su nombre significa 'lagarto aterrador'.

PERÍODO	Cretácico superior
FAMILIA	*Tyrannosauridae*
DIETA	carnívora
LONGITUD	9 m
PESO	3 t
LOCALIZACIÓN	América del Norte

- 28 de octubre -

TERATOPHONEUS

Este tiranosáurido tenía unos potentes huesos mandibulares, con los que medrentaba a los gigantescos caimanes del pantano, con los que cohabitaba.

PERÍODO	Cretácico superior
FAMILIA	*Tyrannosauridae*
DIETA	carnívora
LONGITUD	6,5 m
PESO	1 t
LOCALIZACIÓN	América del Norte

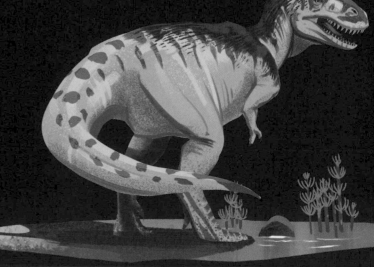

- 29 de octubre -
NANUQSAURUS

Se han encontrado restos de este carnívoro en el territorio que hoy ocupa Alaska, lo cual lo convierte en el único tiranosáurido hallado tan al norte. En aquella época, la región tendría un clima cálido.

PERÍODO	Cretácico superior
FAMILIA	*Tyrannosauridae*
DIETA	carnívora
LONGITUD	7 m
PESO	1,3 t
LOCALIZACIÓN	América del Norte

- 30 de octubre -
AVIATYRANNIS

Este hábil bípedo, uno de los miembros más antiguos de su familia, era pequeño y más proclive a ser cazado por depredadores que a cazarlos. Eso no impediría que capturase pequeños animales con que alimentarse.

PERÍODO	Jurásico superior
FAMILIA	*Tyrannosauridae*
DIETA	carnívora
LONGITUD	1,2 m
PESO	5 kg
LOCALIZACIÓN	Europa

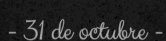

- 31 de octubre -
TARBOSAURUS

Este dinosaurio, el mayor depredador en lo que hoy es Mongolia, era muy parecido al *Tyrannosaurus* (*véase pág. 113*), aunque no tan pesado y con un cráneo más grande.

PERÍODO	Cretácico superior
FAMILIA	*Tyrannosauridae*
DIETA	carnívora
LONGITUD	12 m
PESO	5,5 t
LOCALIZACIÓN	Asia

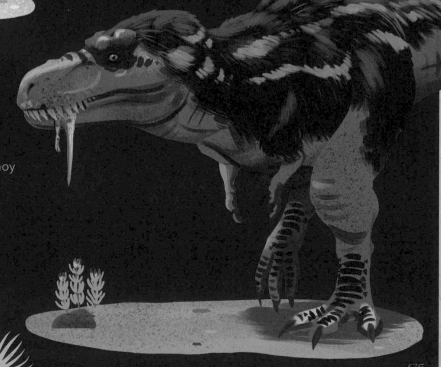

Noviembre

- 1 de noviembre -

TSAAGAN

Este dromaeosáurido, o 'lagarto corredor', con plumas de tamaño medio y potentísimas mandíbulas vivió en la actual Mongolia. Un grupo de feroces *Tsaagan* cooperaba para atrapar y matar dinosaurios más pequeños, como el *Shuvuuia* (*véanse dibujo y pág. 156*), que sumaban a su dieta cotidiana a base de lagartos y pequeños mamíferos.

PERÍODO	Cretácico superior
FAMILIA	*Dromaeosauridae*
DIETA	carnívora
LONGITUD	2 m
PESO	20 kg
LOCALIZACIÓN	Asia

DAEMONOSAURUS

Este terópodo del tamaño de un perro tenía dientes inusualmente aguzados y puntiagudos para sujetar bien a su desasosegada presa. Se cree que solía esconderse entre la maleza y el bosque bajo para tender emboscadas a pequeños animales.

PERÍODO	Triásico superior
FAMILIA	primeros terópodos
DIETA	carnívora
LONGITUD	2,2 m
PESO	25 kg
LOCALIZACIÓN	América del Norte

HUAXIAGNATHUS

Cazador audaz de pequeños mamíferos y reptiles, este carnívoro también capturaba y daba muerte a pequeños dinosaurios como el *Sinocalliopteryx* (*véase pág. 36*).

PERÍODO	Cretácico inferior
FAMILIA	*Compsognathidae*
DIETA	carnívora
LONGITUD	1,8 m
PESO	20 kg
LOCALIZACIÓN	Asia

ARRHINOCERATOPS

Bien protegido por sus largos cuernos curvados hacia adelante, este herbívoro únicamente tenía un cuerno nasal corto. Salía a buscar plantas que comer y viajaba con la manada.

PERÍODO	Cretácico superior
FAMILIA	*Ceratopsidae*
DIETA	herbívora
LONGITUD	6 m
PESO	2 t
LOCALIZACIÓN	América del Norte

- 5 de noviembre -

CRYOLOPHOSAURUS

Morador de zonas forestales cálidas en el litoral de lo que hoy es la Antártida, que actualmente está helada, este carnívoro no tenía problemas para encontrar presas herbívoras. Se trata del terópodo conocido más grande que haya vivido nunca en esa región del planeta. Tenía una cresta en la frente que se erguía en vertical y con la que se exhibía para atraer a una pareja sexual o ahuyentar a un rival.

PERÍODO	Jurásico inferior
FAMILIA	primeros terópodos
DIETA	carnívora
LONGITUD	2,5 m
PESO	650 kg
LOCALIZACIÓN	Antártida

HERBÍVOROS PACÍFICOS

Los grandes y lentos iguanodontes se desplazaban con su manada sobre dos o cuatro patas. Poseían pulgares espinados que quizá usaron como armas, en todo caso, los ayudaban a asir las frutas y plantas que comían.

- 6 de noviembre -
CALLOVOSAURUS

He aquí el iguanodonte más antiguo descubierto hasta el momento. Pastaba en compañía de otros dinosaurios herbívoros, entre los cuales se encontraban saurópodos y estegosáuridos.

PERÍODO	Jurásico medio
FAMILIA	*Dryosauridae*
DIETA	herbívora
LONGITUD	2,7 m
PESO	125 kg
LOCALIZACIÓN	Europa

- 7 de noviembre -
IGUANACOLOSSUS

Este dinosaurio de pesada constitución viajaba en manada con sus crías, pero es posible que fuera más independiente una vez alcanzada la edad adulta. Es probable que él mismo fuera a su vez la comida del *Utahraptor* (*véase pág. 197*).

PERÍODO	Cretácico inferior
FAMILIA	*Iguanodontidae*
DIETA	herbívora
LONGITUD	10 m
PESO	2 t
LOCALIZACIÓN	América del Norte

- 8 de noviembre -
ATLASCOPCOSAURUS

Este pequeño herbívoro seguramente fuera la presa del gran depredador *Australovenator*. Vivió en la zona que hoy se llama Dinosaur Cove, en Australia.

PERÍODO	Cretácico inferior
FAMILIA	*Hypsilophodontidae*
DIETA	herbívora
LONGITUD	3 m
PESO	125 kg
LOCALIZACIÓN	Australia

MANTELLISAURUS

Se han descubierto rutas de huellas que demostrarían que este enorme iguanodóntido viajaba junto a su grupo familiar. Tenía las extremidades anteriores cortas, de modo que probablemente solo caminase con paso lento sobre las cuatro patas o bien permaneciera quieto.

PERÍODO	Cretácico inferior
FAMILIA	*Iguanodontidae*
DIETA	herbívora
LONGITUD	7 m
PESO	800 kg
LOCALIZACIÓN	Europa

MOCHLODON

Con un peso similar al de un león macho adulto, este pequeño iguanodonte probablemente vivió en una isla en la que la comida era limitada y, con el paso del tiempo, tuvo que adaptar su tamaño.

PERÍODO	Cretácico superior
FAMILIA	*Rhabdodontidae*
DIETA	herbívora
LONGITUD	3 m
PESO	250 kg
LOCALIZACIÓN	Europa

CAMPTOSAURUS

Con su largo hocico terminado en pico y lleno de dientes, este herbívoro pastaba sobre cuatro patas, aunque andaba sobre dos en busca de las hojas más altas, para lo cual seguramente usaba la cola como apoyo.

PERÍODO	Jurásico superior
FAMILIA	*Camptosauridae*
DIETA	herbívora
LONGITUD	7 m
PESO	1 t
LOCALIZACIÓN	América del Norte

AVIMIMUS

Con largas patas para correr tras una presa o huir de los depredadores, este veloz 'imitador de aves' vivía en grandes rebaños en los humedales de aquella época. Era parecido a un avestruz y no sabía volar; sin embargo, podía plegar los brazos y pegarlos al cuerpo, igual que en la actualidad hacen los pájaros con las alas.

PERÍODO	Cretácico superior
FAMILIA	*Avimimidae*
DIETA	omnívora
LONGITUD	1,5 m
PESO	15 kg
LOCALIZACIÓN	Asia

- 13 de noviembre -

BONAPARTENYKUS

Miembro de mayor tamaño de su familia de cuantos se conocen, este pequeño terópodo tenía brazos cortos y robustos con garras, que usaba para escarbar en termiteros y hormigueros. Se han descubierto restos fósiles en lo que hoy es Argentina, junto con huevos fosilizados muy poco comunes.

PERÍODO	Cretácico superior
FAMILIA	*Alvarezsauridae*
DIETA	insectívora
LONGITUD	2,5 m
PESO	45 kg
LOCALIZACIÓN	Sudamérica

MINMI

En el Cretácico inferior, la mayor parte de Australia oriental estaba bañada por un mar poco profundo, y *Minmi* vivía en sus planicies costeras. Se trata de un pequeño herbívoro recubierto por una armadura ósea y de condición gregaria.

PERÍODO	Cretácico inferior
FAMILIA	*Ankylosauridae*
DIETA	herbívora
LONGITUD	3 m
PESO	370 kg
LOCALIZACIÓN	Australia

MICROVENATOR

Este 'pequeño cazador' del tamaño de un pavo tenía una gran cabeza y pico, así como maxilares sin dientes. Comía plantas y se tragaba enteros los mamíferos, reptiles e insectos que cazaba. Sus plumas, como en otros ovirraptores, le servirían para exhibirse.

PERÍODO	Cretácico inferior
FAMILIA	*Caenagnathidae*
DIETA	omnívora
LONGITUD	3 m
PESO	50 kg
LOCALIZACIÓN	América del Norte

- 16 de noviembre -

ICHTHYOSAURUS

Pequeño y con apariencia de delfín, el *Ichthyosaurus* era un nadador portentoso, capaz de alcanzar velocidades de hasta 40 km/h. ¡Un grupo de estos reptiles debía ser rápido para escapar de las fauces de un amenazante *Temnodontosaurus* (*véanse izquierda del dibujo y pág. 123*)! El *Ichthyosaurus* cazaba alternativamente peces, amonites, pulpos y calamares, a los que capturaba con su largo y estrecho hocico repleto de afilados dientes.

PERÍODO	Jurásico inferior
FAMILIA	*Ichthyosauridae*
DIETA	piscívora
LONGITUD	2 m
PESO	90 kg
LOCALIZACIÓN	Europa, América del Norte, Groenlandia

SAURÓPODOS GIGANTES

Estos descomunales herbívoros cuadrúpedos son los animales más grandes que han vivido sobre la faz de la Tierra. Se han encontrado sus restos en todos los continentes, salvo en la Antártida.

- 17 de noviembre -

SALTASAURUS

Era un titanosaurio pequeño, con el cuello y las extremidades cortos. Ponía huevos extragrandes, cuyo cascarón alcanzaba los 6 mm de espesor (el mayor conocido hasta el momento).

PERÍODO	Cretácico superior
FAMILIA	*Saltasauridae*
DIETA	herbívora
LONGITUD	12 m
PESO	10 t
LOCALIZACIÓN	Sudamérica

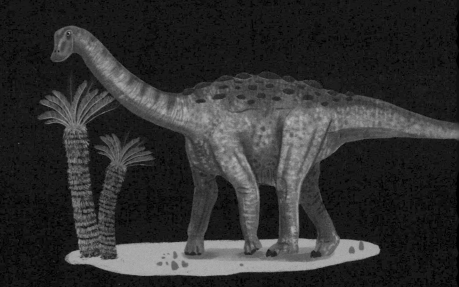

- 18 de noviembre -

HYPSELOSAURUS

Este titanosáurido, que vivía en los bosques del actual sur de Francia, tenía las patas muy gruesas. Puede que fuera uno de los últimos titanosaurios.

PERÍODO	Cretácico superior
FAMILIA	*Titanosauridae*
DIETA	herbívora
LONGITUD	12 m
PESO	10 t
LOCALIZACIÓN	Europa

- 19 de noviembre -

ALAMOSAURUS

Es el único titanosaurio conocido de América del Norte. Recorría grandes distancias y comía 15 kg diarios.

PERÍODO	Cretácico superior
FAMILIA	*Saltasauridae*
DIETA	herbívora
LONGITUD	24 m
PESO	24 t
LOCALIZACIÓN	América del Norte

- 20 de noviembre -
XINJIANGTITAN

Este herbívoro podía pacer en las altas copas de los árboles. Tenía un cuello inmensamente largo, de más o menos la mitad de su longitud total. ¡Y algunas de sus vértebras podían medir 1 m o más!

PERÍODO	Jurásico medio
FAMILIA	*Mamenchisauridae*
DIETA	herbívora
LONGITUD	30 m
PESO	30 t
LOCALIZACIÓN	Asia

- 21 de noviembre -
MALAWISAURUS

Las protuberancias óseas en la parte trasera del cuello de este titanosáurido primitivo y a lo largo de su lomo actuaban como armadura, para protegerlo de los ataques de depredadores.

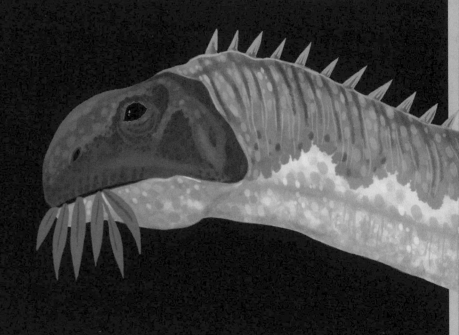

PERÍODO	Cretácico inferior
FAMILIA	*Titanosauridae*
DIETA	herbívora
LONGITUD	16 m
PESO	24 t
LOCALIZACIÓN	África

- 22 de noviembre -
ARGYROSAURUS

Este 'lagarto plateado' fue uno de los primeros titanosáuridos sudamericanos en tener nombre. Viajaba en manada a través de lo que hoy es Argentina y se valía de su larguísimo cuello para alcanzar las copas de los árboles, en donde se encontraban las hojas más tiernas. Se trata de un gran dinosaurio: ¡su tibia medía más de 2 m!

PERÍODO	Cretácico superior
FAMILIA	*Titanosauridae*
DIETA	herbívora
LONGITUD	28 m
PESO	26 t
LOCALIZACIÓN	Sudamérica

SALTRIOVENATOR

Miembro primigenio de su familia, este depredador era el carnívoro más grande y ágil de su época. Vagaba por bosques litorales de la actual Italia, alimentándose de animales pequeños y medianos que iba encontrando. Es posible incluso que se internase en el mar, a la captura de peces o tiburones que nadaban en las zonas poco profundas.

PERÍODO	Jurásico inferior
FAMILIA	*Ceratosauridae*
DIETA	carnívora
LONGITUD	10 m
PESO	1 t
LOCALIZACIÓN	Europa

TRICERATOPS

Este herbívoro tenía un cráneo enorme y un volante reclinado hacia atrás, que se enrojecía con el flujo de sangre para atraer a las hembras o para advertir de un peligro. Tras su duro pico, contaba con unas mandíbulas repletas de filas de dientes que actuaban como cizallas cuando debía hacer trizas la vegetación más dura, y que llegado el momento eran sustituidas por nuevas piezas. Una manada de *Triceratops* podía defender a los ejemplares más jóvenes del ataque de un *Tyrannosaurus* (*véase pág. 113*).

PERÍODO	Cretácico superior
FAMILIA	*Ceratopsidae*
DIETA	herbívora
LONGITUD	9 m
PESO	6,5 t
LOCALIZACIÓN	América del Norte

SAUROPOSEIDON

Herbívoro, fue seguramente el saurópodo de mayor altura, con un cuello de hasta 12 m de largo. Sus largas vértebras eran como panales con pequeños depósitos de aire, que aligeraban así el peso del cuello y ayudaban a alzarlo. ¡Cuando se descubrieron fósiles en Oklahoma (EE. UU.) en 1994, su gran tamaño hizo que se catalogaran como troncos de árboles petrificados y no como partes de dinosaurio!

PERÍODO	Cretácico inferior
FAMILIA	*Brachiosauridae*
DIETA	herbívora
LONGITUD	32 m
PESO	60 t
LOCALIZACIÓN	América del Norte

- 26 de noviembre -

HYPSELOSPINUS

Este iguanodóntido alto y pinchudo habitó en los sotobosques de lo que hoy es el sur de Inglaterra. Como otros miembros de su familia, vivía en manada, lo cual lo protegía de depredadores como el *Eotyrannus*.

PERÍODO	Cretácico inferior
FAMILIA	*Iguanodontidae*
DIETA	herbívora
LONGITUD	6 m
PESO	800 kg
LOCALIZACIÓN	Europa

- 27 de noviembre -

ASHDOWN MANIRAPTORAN

Entre los más pequeños de todos los dinosaurios conocidos, este terópodo con aspecto de pájaro, pero que no volaba, capturaba animales e insectos y también se alimentaba de hojas y frutas. Tenía el cuello largo y las extremidades anteriores finas, como las aves actuales que habitan en barrizales.

PERÍODO	Cretácico inferior
FAMILIA	*Coelurosauridae*
DIETA	omnívora
LONGITUD	30 cm
PESO	200 g
LOCALIZACIÓN	Europa

NODOCEPHALOSAURUS

Fuertemente armado, este anquilosáurido contaba con un gran basto en la cola para defenderse de los depredadores. La forma de la cabeza es muy semejante a la de los anquilosaurios de Asia. Puede que esto demuestre que, en la época de los dinosaurios, existió una conexión terrestre entre las actuales América del Norte y Asia.

PERÍODO	Cretácico superior
FAMILIA	*Ankylosauridae*
DIETA	herbívora
LONGITUD	4,5 m
PESO	1,5 t
LOCALIZACIÓN	América del Norte

AURORACERATOPS

Pariente de los primeros tiempos del *Triceratops* (*véase pág. 188*), este bípedo no contaba con la armadura del dinosaurio de tiempo después. Se valía de su achatado hocico y de unos dientes parecidos a colmillos para escarbar la tierra y obtener plantas que comer.

PERÍODO	Cretácico inferior
FAMILIA	*Ceratopsidae*
DIETA	herbívora
LONGITUD	2 m
PESO	100 kg
LOCALIZACIÓN	Asia

SHANSHANOSAURUS

Hasta el momento, este es el tiranosáurido más pequeño que se conoce. Hacía su aparición al caer la tarde, cuando la luz es más tenue, y tenía un par de ojos grandes incrustados en su voluminoso cráneo. Esto lo ayudaba a detectar a los lagartos que se movían con sigilo y a los mamíferos que buscaban escabullirse entre los matorrales.

PERÍODO	Cretácico superior
FAMILIA	*Tyrannosauridae*
DIETA	carnívora
LONGITUD	3 m
PESO	90 kg
LOCALIZACIÓN	Asia

Diciembre

- 1 de diciembre -

FOSTORIA

Se han descubierto restos de una manada entera de *Fostoria* en una remota mina de ópalo australiana. Los fósiles se habían «opalizado» al convertirse en piedra, y la luz que se reflejaba en ellos les daba un colorido muy vivo. Este herbívoro vivía en un terreno inundable con una vegetación muy rica, con ríos que desembocaban en la conocida como cuenca de Eromanga.

PERÍODO	Cretácico superior
FAMILIA	*Iguanodontidae*
DIETA	herbívora
LONGITUD	5 m
PESO	2,5 t
LOCALIZACIÓN	Australia

XUWULONG

Denominado 'Xuwu dragon' por los paleontólogos que lo encontraron, este hadrosáurido primitivo vivía en lo que hoy es el noroeste de China. Tenía el cráneo más pequeño que otros miembros de su familia y su mandíbula inferior mostraba una forma más pronunciada en V, lo cual podría significar que quizá comía plantas poco comunes o que su modo de masticar era diferente. Al igual que otros hadrosáuridos, vivía y se movía en manada.

PERÍODO	Cretácico inferior
FAMILIA	*Hadrosauridae*
DIETA	herbívora
LONGITUD	2 m
PESO	1 t
LOCALIZACIÓN	Asia

AGUJACERATOPS

Este pequeño dinosaurio con cuernos vivía en los humedales próximos a la costa del Mar Interior Occidental, en lo que hoy en día es la parte central de América del Norte. Tenía un volante de gran amplitud y largos cuernos en la frente, que podía emplear para repeler la ofensiva de un *Deinosuchus*, un cocodrilo gigante.

PERÍODO	Cretácico superior
FAMILIA	*Ceratopsidae*
DIETA	herbívora
LONGITUD	5 m
PESO	1,5 t
LOCALIZACIÓN	América del Norte

BUITRERAPTOR

De poco peso y ágil, este 'buitre-rapaz' del tamaño de un pavo cazaba pequeños lagartos y mamíferos en los paisajes rocosos de lo que hoy es Argentina. Sus largas manos tridáctilas no contaban con la típica garra con forma de hoz de los dromaeosáuridos posteriores. Probablemente servía de comida a grandes carnívoros, como el *Mapusaurus* (*véase pág. 88*) y el *Giganotosaurus* (*véase pág. 197*).

PERÍODO	Cretácico superior
FAMILIA	*Dromaeosauridae*
DIETA	carnívora
LONGITUD	1,3 m
PESO	10 kg
LOCALIZACIÓN	Sudamérica

AKAINACEPHALUS

Con su gran garrote óseo en la punta de la cola, el *Akainacephalus* era capaz de protegerse frente al feroz tiranosáurido *Bistahieversor* (*véase pág. 79*) en los bosques donde vivía. La armadura de huesos que recubría el hocico y la cabeza de este anquilosáurido de América del Norte era muy parecida a la de sus iguales asiáticos, como los *Tarchia* (*véase pág. 75*). Esto podría ser una prueba de que los dinosaurios de Asia migraron a América del Norte a través de una conexión terrestre existente en el Cretácico superior.

PERÍODO	Cretácico superior
FAMILIA	*Ankylosauridae*
DIETA	herbívora
LONGITUD	5 m
PESO	1 t
LOCALIZACIÓN	América del Norte

CAZADORES BÍPEDOS

Los dinosaurios carnívoros bípedos corrían a gran velocidad tras su presa, a la que agarraban o herían con sus extremidades anteriores. Sin embargo, en muchos dinosaurios de aparición posterior estas menguaron de tamaño.

- 6 de diciembre -
BARYONYX

Este dinosaurio con hocico de cocodrilo cruzaba ríos y deltas en busca de peces y, en tierra, atrapaba dinosaurios más pequeños.

PERÍODO	Cretácico inferior
FAMILIA	*Spinosauridae*
DIETA	piscívora
LONGITUD	10 m
PESO	1,7 t
LOCALIZACIÓN	Europa

- 7 de diciembre -
SIAMRAPTOR

A la hora de reducir a iguanodontes y a otros carnívoros, este gran depredador era despiadado y recurría a sus dientes como cuchillas. Se han encontrado restos en el territorio que hoy comprende Tailandia.

PERÍODO	Cretácico inferior
FAMILIA	*Carcharodontosauridae*
DIETA	carnívora
LONGITUD	9 m
PESO	3 t
LOCALIZACIÓN	Asia

- 8 de diciembre -
DILOPHOSAURUS

Este carnívoro con cresta usaba el olfato para cazar. Lo hacía en grupo y podía correr a más de 50 km/h.

PERÍODO	Jurásico inferior
FAMILIA	*Dilophosauridae*
DIETA	carnívora
LONGITUD	7 m
PESO	900 kg
LOCALIZACIÓN	América del Norte

UTAHRAPTOR

Cuando llovía, el *Utahraptor* doblaba sus garras de 24 cm con forma de hoz para separarlas del suelo. Si una de esas garras atrapaba una presa, acababa con ella con sus afilados dientes.

PERÍODO	Cretácico inferior
FAMILIA	*Dromaeosauridae*
DIETA	carnívora
LONGITUD	7,5 m
PESO	900 kg
LOCALIZACIÓN	América del Norte

ELAPHROSAURUS

La ligereza de su cuerpo le confería velocidad para capturar pequeños animales, pero también para huir de otros depredadores.

PERÍODO	Jurásico superior
FAMILIA	*Noasauridae*
DIETA	carnívora
LONGITUD	6 m
PESO	250 kg
LOCALIZACIÓN	África

GIGANOTOSAURUS

Este 'lagarto gigante del sur' era uno de los carnívoros más grandes y conseguía alcanzar una velocidad de hasta 50 km/h gracias a sus poderosas piernas. Su inmenso cráneo contenía dientes de hasta 20 cm de longitud.

PERÍODO	Cretácico superior
FAMILIA	*Carcharodontosauridae*
DIETA	carnívora
LONGITUD	13 m
PESO	12,7 t
LOCALIZACIÓN	Sudamérica

- 12 de diciembre -

MEI LONG

El primer fósil descubierto de este pequeño trodóntido con aspecto de pájaro tenía la cabeza plegada bajo el ala, por lo que en chino se le llamó 'dragón que duerme profundamente'. Esa posición es muy parecida a la de muchas aves modernas. Capturaba pequeños mamíferos, lagartos y crías de dinosaurio, pero también comía hojas.

PERÍODO	Cretácico inferior
FAMILIA	*Troodontidae*
DIETA	omnívora
LONGITUD	30 cm
PESO	2,5 kg
LOCALIZACIÓN	Asia

- 13 de diciembre -

ALBALOPHOSAURUS

En el monte bajo donde vivía, este miembro primigenio de su familia debía ser rapidísimo para evitar a los depredadores. Su nombre significa 'lagarto de cresta blanca', pero no por su apariencia, sino por la montaña japonesa de blanca cima cerca de la cual se hallaron los restos fósiles.

PERÍODO	Cretácico inferior
FAMILIA	primeros ceratópsidos
DIETA	herbívora
LONGITUD	2 m
PESO	40 kg
LOCALIZACIÓN	Asia

PATAGONYKUS

Este terópodo con plumas se adaptó por su dieta especializada: se alimentaba de insectos gracias a un hocico largo y con forma tubular que albergaba unos pequeños dientes. Tenía piernas largas y brazos cortos con un único dedo garrado en cada mano. Valiéndose de las garras, impulsadas por un gran pecho y por los músculos del brazo, escarbaba hasta lograr abrir de par en par los termiteros, y luego aspiraba su contenido.

PERÍODO	Cretácico superior
FAMILIA	*Alvarezsauridae*
DIETA	insectívora
LONGITUD	2,5 m
PESO	30 kg
LOCALIZACIÓN	Sudamérica

COELOPHYSIS

Es uno de los dinosaurios más antiguos. Vivía en grandes grupos y fue un hábil cazador de peces, pequeños dinosaurios, lagartos e insectos. Era alargado y esbelto, algo más grande que un pavo. Utilizaba sus grandes ojos para localizar presas o mantenerse alejado de los depredadores parecidos a los cocodrilos.

PERÍODO	Triásico superior
FAMILIA	*Coelophysidae*
DIETA	carnívora
LONGITUD	2 m
PESO	25 kg
LOCALIZACIÓN	América del Norte

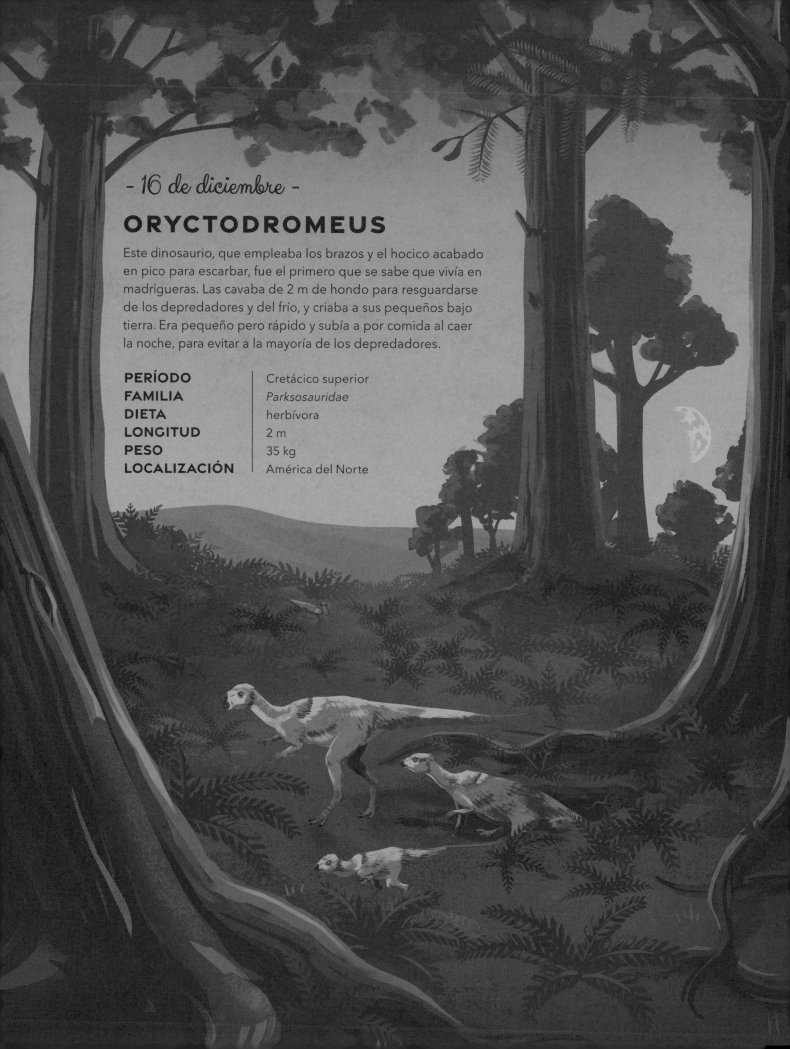

- 16 de diciembre -

ORYCTODROMEUS

Este dinosaurio, que empleaba los brazos y el hocico acabado en pico para escarbar, fue el primero que se sabe que vivía en madrigueras. Las cavaba de 2 m de hondo para resguardarse de los depredadores y del frío, y criaba a sus pequeños bajo tierra. Era pequeño pero rápido y subía a por comida al caer la noche, para evitar a la mayoría de los depredadores.

PERÍODO	Cretácico superior
FAMILIA	*Parksosauridae*
DIETA	herbívora
LONGITUD	2 m
PESO	35 kg
LOCALIZACIÓN	América del Norte

OMEISAURUS

Tenía un cuello extraordinariamente largo, con 17 vértebras más largas y anchas que las de muchos herbívoros. Sin embargo, no era demasiado pesado, lo que le permitía alcanzar con su cabeza las más altas copas de los árboles. También pastaba en manada entre los helechos y matorrales del bosque bajo.

PERÍODO	Jurásico superior
FAMILIA	*Mamenchisauridae*
DIETA	herbívora
LONGITUD	20 m
PESO	16 t
LOCALIZACIÓN	Asia

NODOSAURUS

Un grupo de mineros de Canadá descubrieron los restos de este dinosaurio armado, los mejor conservados de un miembro de su familia encontrados nunca. Vivía en los bosques de coníferas y en los páramos próximos a un mar interior, y estaba bien protegido por una armadura conformada por placas y pinchos.

PERÍODO	Cretácico superior
FAMILIA	*Nodosauridae*
DIETA	herbívora
LONGITUD	5,4 m
PESO	1,3 t
LOCALIZACIÓN	América del Norte

- 19 de diciembre -

PROA

A sus descubridores, la mandíbula inferior de este herbívoro les recordó la proa de un barco y, como sus restos se hallaron en una mina de carbón en España, lo llamaron *Proa*. Se movía en manada a través de los humedales y buscaba alimento en el sotobosque.

PERÍODO	Cretácico inferior
FAMILIA	*Iguanodontidae*
DIETA	herbívora
LONGITUD	8 m
PESO	1 t
LOCALIZACIÓN	Europa

AUCASAURUS

Se ha hallado en Argentina un esqueleto casi completo de este dinosaurio, lo que proporciona nueva información acerca de cómo vivía y del aspecto de su piel. Contaba con unas largas y poderosas piernas y fuertes mandíbulas, pero tenía los brazos cortos y carecía de garras. Cazaba en grupo y se alimentaba de saurópodos como el *Saltasaurus* (*véase pág. 186*).

PERÍODO	Cretácico superior
FAMILIA	*Abelisauridae*
DIETA	carnívora
LONGITUD	6 m
PESO	700 kg
LOCALIZACIÓN	Sudamérica

AJKACERATOPS

Este pequeño herbívoro tenía la boca picuda como la de un loro. Vivía en medio de la foresta y pastaba en manada por las zonas arbustivas de un terreno inundable. En el Cretácico superior, más que un continente, Europa era en realidad una sucesión de trozos de tierra rodeados de mar.

PERÍODO	Cretácico superior
FAMILIA	*Bagaceratopsidae*
DIETA	herbívora
LONGITUD	1 m
PESO	20 kg
LOCALIZACIÓN	Europa

- 22 de diciembre -

YI QI

Con alas como las del murciélago, este insectívoro del tamaño de una paloma se deslizaba entre los árboles capturando moscas, libélulas y polillas. Lo que es genuino de este dinosaurio son los huesos como varillas que se extendían desde las muñecas y conectaban con las alas, igual que los de las actuales ardillas voladoras.

PERÍODO	Jurásico superior
FAMILIA	*Scansoriopterygidae*
DIETA	insectívora
LONGITUD	60 cm
PESO	380 g
LOCALIZACIÓN	Asia

- 23 de diciembre -

LYCORHINUS

Es uno de los primeros dinosaurios del Jurásico hallados en África. Comía pequeños animales y plantas, cuando no estaba ocultándose de los ágiles terópodos.

PERÍODO	Jurásico inferior
FAMILIA	*Heterodontosauridae*
DIETA	omnívora
LONGITUD	1,2 m
PESO	7 kg
LOCALIZACIÓN	África

- 24 de diciembre -

FRUITADENS

Este pequeño dinosaurio era muy veloz y eludía a depredadores gigantes, como el *Torvosaurus* (*véase pág. 60*). Vivía en zonas boscosas y comía pequeños animales, bichos y plantas.

PERÍODO	Jurásico superior
FAMILIA	*Heterodontosauridae*
DIETA	omnívora
LONGITUD	75 cm
PESO	750 g
LOCALIZACIÓN	América del Norte

NEMEGTOSAURUS

Con su alargado rostro, alzado sobre un esbelto cuello para alcanzar las copas de los árboles, este titanosaurio (*véase págs. 186-187*) empleaba los dientes con forma de punta de lápiz para recortar las hojas y las deliciosas flores. Por entonces, había plantas con flor en abundancia, así como helechos y coníferas que poder comer en la región que hoy ocupa el desierto de Gobi, en Mongolia.

PERÍODO	Cretácico superior
FAMILIA	*Nemegtosauridae*
DIETA	herbívora
LONGITUD	15 m
PESO	18 t
LOCALIZACIÓN	Asia

- 26 de diciembre -

HYPACROSAURUS

Este «pico de pato» tenía la cresta hueca para amplificar las llamadas de advertencia a la manada cuando detectaba un *Tyrannosaurus* (*véase pág. 113*) o un *Troodon* (*véase pág. 16*). Depositaba en grandes nidos hasta 20 huevos por puesta.

PERÍODO	Cretácico superior
FAMILIA	*Hadrosauridae*
DIETA	herbívora
LONGITUD	9 m
PESO	4 t
LOCALIZACIÓN	América del Norte

- 27 de diciembre -

RHOETOSAURUS

Este saurópodo de los primeros tiempos, cuyos fósiles son los más grandes y completos de un dinosaurio descubiertos en Australia, es también uno de los más antiguos. Se desplazaba en manada con una velocidad de hasta 15 km/h por los bosques de coníferas en las cercanías de los ríos. Se alimentaba de coníferas, cicas y helechos en lo que venía siendo un clima cálido y húmedo.

PERÍODO	Jurásico medio
FAMILIA	primeros saurópodos
DIETA	herbívora
LONGITUD	15 cm
PESO	9 t
LOCALIZACIÓN	Australia

- 28 de diciembre -

KOSMOCERATOPS

El nombre de este dinosaurio significa 'cara con cuernos adornada'. Los cuernos le servían como elemento de defensa o tal vez para atraer a las hembras. En total, contaba con 15: uno a la altura de la nariz, dos sobre los ojos, dos más en las mejillas y diez en la parte trasera del volante.

PERÍODO	Cretácico superior
FAMILIA	*Ceratopsidae*
DIETA	herbívora
LONGITUD	5 m
PESO	2,5 t
LOCALIZACIÓN	América del Norte

- *29 de diciembre* -

ZANABAZAR

Este ligero dinopájaro fue uno de los trodóntidos de mayor tamaño y vivía en zonas boscosas de lo que hoy en día es Mongolia, en Asia central. Destacaba como depredador astuto y eficiente que corría a gran velocidad sobre las patas traseras para abatir a dinosaurios y mamíferos más pequeños y cazar insectos.

PERÍODO	Cretácico superior
FAMILIA	*Troodontidae*
DIETA	carnívora
LONGITUD	2,3 m
PESO	25 kg
LOCALIZACIÓN	Asia

- *30 de diciembre* -

MAJUNGASAURUS

Con más dientes que cualquier otro abelisáurido –17 en el maxilar inferior y otros tantos en el superior–, este depredador cazaba saurópodos como el *Rapetosaurus* (*véase pág. 49*), así como pequeños miembros de su propia familia.

PERÍODO	Cretácico superior
FAMILIA	*Abelisauridae*
DIETA	carnívora
LONGITUD	8 m
PESO	1,5 t
LOCALIZACIÓN	África

- *31 de diciembre* -

RUYANGOSAURUS

Este enorme titanosaurio se alimentaba en grupo mientras viajaba
por los terrenos inundables y bosques de la actual China. Tenía
un largo cuello bamboleante con el que buscaba las hojas de los
árboles más altos, así como arbustos a cualquier nivel.

PERÍODO	Cretácico inferior
FAMILIA	*Titanosauridae*
DIETA	herbívora
LONGITUD	25 m
PESO	34 t
LOCALIZACIÓN	Asia

EL FIN DE LOS DINOSAURIOS

Hace aproximadamente 66 millones de años, un gigantesco asteroide o cometa chocó contra la Tierra, en la costa de lo que hoy es México, originando un cráter de 150 km de diámetro y 20 km de profundidad. Dicha colisión liberó gases tóxicos y polvo a la atmósfera, formando una nube que al momento comenzó a circular alrededor del planeta nublando la luz del sol. Conjuntamente con un aumento de la actividad volcánica, este suceso dio lugar a un efecto invernadero a escala global, así como a un cambio climático, pues las temperaturas se desplomaron. Como las plantas no crecían por falta de luz solar, los herbívoros murieron de inanición, y los carnívoros se quedaron sin presas que cazar. Casi todos los dinosaurios se extinguieron, y la misma suerte corrieron las casi tres cuartas partes de especies animales y vegetales existentes entonces en el planeta.

LOS SUPERVIVIENTES

Por increíble que parezca, algunos pequeños animales, incluidos mamíferos, serpientes, ranas y lagartos, lograron sobrevivir. Así, cocodrilos, tiburones, mantarrayas y tortugas apenas han experimentado cambios a lo largo de milenios.

Los únicos dinosaurios que sobrevivieron fueron algunas especies de pájaros, quizá porque encontraron semillas. Hoy en día, los parientes vivos de los dinosaurios son las aves, de las cuales existen más de 18 000 especies.

Cuando veas un pájaro,
¡acuérdate de que estás mirando a un dinosaurio!

PERÍODOS

TRIÁSICO

(Entre 252 y 201 millones
de años atrás)

ALWALKERIA	40
CHINDESAURUS	108
COELOPHYSIS	199
DAEMONOSAURUS	178
EODROMAEUS	116
EORAPTOR	15
HERRERASAURUS	56
LOPHOSTROPHEUS	53
NYASAURUS	32
PISANOSAURUS	172
PLATEOSAURUS	24
SALTOPUS	21

JURÁSICO

(Entre 201 y 145 millones
de años atrás)

ABRICTOSAURUS	128
ADRATIKLIT	146
AFROVENATOR	144
ALLOSAURUS	117

AMPHICOELIAS	111
ANCHIORNIS	133
APATOSAURUS	18
ARCHAEOPTERYX	134
AVIATYRANNIS	175
BARAPASAURUS	18
BRACHIOSAURUS	23
CAIHONG	132
CALLOVOSAURUS	180
CAMARASAURUS	57
CAMPTOSAURUS	181
CERATOSAURUS	19
CHILESAURUS	105
CHIROSTENOTES	89
COMPSOGNATHUS	20
CRYOLOPHOSAURUS	179
DACENTRURUS	147
DICRAEOSAURUS	125
DILOPHOSAURUS	196
DIPLODOCUS	57
DRYOSAURUS	141
ELAPHROSAURUS	197
EUSTREPTOSPONDYLUS	17
FABROSAURUS	136
FERGANOCEPHALE	92
FOSTEROVENATOR	148
FRUITADENS	205
GASOSAURUS	137
GERMANODACTYLUS	84
GIGANTSPINOSAURUS	147
GUANLONG	74
HAPLOCHEIRUS	108

HESPEROSAURUS	147
HETERODONTOSAURUS	56
HEXINLUSAURUS	169
HUAYANGOSAURUS	146
ICHTHYOSAURUS	185
JURAVENATOR	43
KENTROSAURUS	69
KILESKUS	107
KULINDADROMEUS	132
LAQUINTASAURA	157
LESOTHOSAURUS	21
LIMUSAURUS	104
LOPHOSTROPHEUS	53
LYCORHINUS	205
MAGNOSAURUS	145
MAMENCHISAURUS	98
MANIDENS	149
MEGALOSAURUS	57
MIRAGAIA	33
MONOLOPHOSAURUS	56
OMEISAURUS	202
ORNITHOLESTES	53
OSTAFRIKASAURUS	77
OTHNIELOSAURUS	140
PEDOPENNA	101
PLESIOSAURUS	122
PLIOSAURUS	122
PROCERATOSAURUS	24
RHAMPHORHYNCHUS	84
RHOETOSAURUS	207
SALTRIOVENATOR	188
SCANSORIOPTERYX	89

CRETÁCICO

(Entre 145 y 66 millones
de años atrás)

215

GLOSARIO

AERODINÁMICO Con la forma ideal para desplazarse por agua y por aire con la mayor ligereza posible.

ALETA Extremidad ancha y plana que sirve para nadar.

ANQUILOSÁURIDO Familia de dinosaurios con pesadas armaduras en los costados y colas acabadas en un basto.

BASTO O GARROTE EN LA COLA Masa ósea en la punta de la cola de algunos dinosaurios.

BÍPEDO Animal que se desplaza sobre dos patas.

CAMUFLAJE Habilidad que poseen algunos animales para cambiar el color de su piel con el fin de parecerse al entorno que le rodea y disimular así su presencia frente a los depredadores.

CARNÍVORO Animal que se alimenta de carne.

CARROÑA Restos de animales muertos.

CERATÓPSIDO Perteneciente a un grupo de dinosaurios con cuernos, pico cornudo y volante óseo, como el *Triceratops*.

CÓNICO Forma curva que se estrecha en un punto.

CONTRACOLORACIÓN Forma de camuflaje de algunos animales en la que usan su lomo oscuro y su vientre de color más claro para mimetizarse con el entorno y eludir a los depredadores.

CRESTA Saliente de plumas o piel sobre la cabeza de un animal.

DEDO ALADO Extensión del dedo que servía como apoyo para el ala de un pterodáctilo.

DEPREDADOR Animal que come y caza a otros animales. Suele ser más grande que su presa, a no ser que cace en grupo.

DIENTES YUGALES O DE MEJILLAS Dientes grandes y cuadrados en la parte de atrás de la boca de muchos dinosaurios, similares a los molares de los mamíferos modernos.

EMBOSCADA Técnica para capturar a una presa y que consiste en esperarla oculto.

ESPOLETA Hueso con forma de garfio situado en el esternón de la mayoría de las aves.

ESTEGOSÁURIDO Familia de dinosaurios herbívoros cuadrúpedos con placas óseas a lo largo del lomo y la cola acabada en espinas.

EXTINTO Se dice del animal o planta que ya no existe en la Tierra.

FENESTRA Apertura en el volante de un dinosaurio.

FÓSIL Resto o huella de un antiguo animal o planta. Algunos fósiles están formados por restos animales, pero otros son señales o indicios, como las huellas de pisadas dejadas por estos.

GARRA CON FORMA DE HOZ Garra grande y curva que se elevaba sobre el suelo dispuesta en el segundo dedo del pie de algunos dinosaurios, como el *Velociraptor*.

GASTROLITO Piedra que tragaba un dinosaurio para que, dentro del estómago, lo ayudase a triturar las plantas que previamente había ingerido.

GONDWANA El gran continente austral prehistórico formado por lo que hoy es África, Sudamérica, la Antártida, Australia e India.

GREGARIO Animal que vive y caza en manada.

HÁBITAT Lugar con las condiciones apropiadas para que vivan un animal o una planta.

HADROSÁURIDO Familia de dinosaurios que tienen el pico con la misma forma que el de un pato. De ahí que también se les denomine «pico de pato».

HERBÍVORO Animal que se alimenta de plantas y vegetales.

INCUBAR Cuando un animal calienta con su cuerpo los huevos de los que nacerán sus crías.

INSECTÍVORO   Animal que se alimenta de insectos.

LAURASIA   Gran continente prehistórico situado al norte e integrado por lo que hoy son América del Norte, Europa y la mayor parte de Asia.

MADRIGUERA   Hoyo o túnel que cava un animal para usarlo como escondite o como hogar.

MANADA   Gran grupo de animales de un mismo tipo que se alimentan y viajan juntos.

MAR INTERIOR   Mar de poca profundidad que se forma cuando un océano vierte sus aguas dentro de un terreno continental durante un período cálido, provocando que el nivel del mar esté por encima de la media.

MAMÍFERO   Animal de sangre caliente que tiene columna, al que le crece el pelo y que produce leche para sus crías.

MANDÍBULA   Maxilar inferior de hueso situado en el hocico.

MEMBRANA ESCLERÓTICA   Tejido óseo de color blanquecino que rodeaba y protegía los ojos de muchos animales, incluidos los ictiosaurios, pterosaurios y dinosaurios.

OMNÍVORO   Animal que se alimenta tanto de plantas como de animales.

ORNITÓPODO   Grupo de dinosaurios herbívoros de tamaños pequeño y medio que incluía a iguanodontes y hadrosaurios.

PALEONTÓLOGO   Científico que estudia la historia de la vida en la Tierra con la ayuda de restos fósiles.

PAQUICEFALOSÁURIDO   Familia de dinosaurios con cabeza dura y muy huesuda con la que luchaban contra sus depredadores.

PIGÓSTILO   Estructura de huesos fusionados que sujetaba las plumas de la cola de algunos dinosaurios plumados y que hoy en día se encuentra en las actuales aves.

PISCÍVORO   Animal que se alimenta de peces.

PLACA DE ARMADURA   Trozo de hueso incrustado en la piel de un dinosaurio que sirve para protegerlo de un ataque.

PREHISTORIA   Período de tiempo anterior a que los humanos dejasen un registro escrito de los acontecimientos.

PRESA   Animal al que cazan y comen otros animales.

PTEROSAURIO   Reptil volador que tenía alas con una membrana parecida al cuero y que vivió al mismo tiempo que los dinosaurios. Algunos pterosaurios tenían dientes dentro de los picos de hueso.

QUERATINA   Sustancia de la que están formados la piel, el pelo, las uñas, los cuernos, las pezuñas, los picos y las plumas de un animal.

REPTIL   Animal de sangre fría con piel escamosa y que pone huevos.

RUTA DE HUELLAS   Serie de huellas fósiles dejada por un grupo de dinosaurios en su viaje en busca de comida.

SAURÓPODO   Perteneciente a un grupo de dinosaurios herbívoros y cuadrúpedos, con largos cuellos y colas, que fueron los animales terrestres más grandes que hayan existido jamás.

SEQUÍA   Tiempo seco de larga duración.

SERRADO   Hilera de afilados salientes en el borde, como una sierra.

TERÓPODO   Perteneciente a un grupo de dinosaurios carnívoros, por lo general bípedos, con los huesos huecos. Estarían incluidos la mayoría de los depredadores más poderosos que un día habitaron la Tierra.

VÉRTEBRA   Cada uno de los huesos cortos que forman la columna vertebral.

VOLANTE   Gran solapa con forma de abanico y hecha de piel y hueso que algunos dinosaurios tenían en la cabeza y en el cuello.

ÍNDICE ALFABÉTICO